9798334858824

DE **JUNIOR** A **SENIOR**
EN TIEMPO RECORD

La guía del consultor IT para crecer, generar conexiones
profesionales y dominar las relaciones con clientes

OLIVIER F. NORMANDIN

Índice

Introducción

Podría empezar este libro con un montón de clichés sobre el mundo globalizado, sobre cómo el apasionante universo de la tecnología te espera con las puertas abiertas, sobre cómo este libro es la solución mágica a todos tus problemas. Pero no; prefiero comenzar este libro con un consejo. Es un consejo tan importante para este campo, que creo que merece la pena ponerlo en el primer párrafo: si quieres desarrollar una carrera importante en la consultoría IT, **aprende inglés**.

Eso: aprende inglés. Practica el idioma, hazte amigos extranjeros y conversa una y otra vez hasta que te sientas completamente cómodo y ya puedas hasta pensar en inglés. Si bien para muchos programadores e ingenieros en sistemas el inglés técnico que usan para programar es suficiente, **en el campo de la consultoría las cosas cambian**. Como consultor, tendrás que hablar con muchas personas, y no solo deberás comunicarte con tus clientes. Tendrás que ser persuasivo, seguro, y lograr que confíen en que lo que estás diciendo los ayudará a crecer y a desarrollar sus negocios.

¿Y qué tal si quiero trabajar solo en mi país o dentro de Latinoamérica y España? Es posible, es cierto. Pero —tal vez no lo sepas todavía— tu mejor opción para crecer seguramente sea trabajar para empresas internacionales (punto en el que profundizaremos más adelante), y asegurarte una buena comunicación con tus pares es esencial. Por eso, antes que nada, insisto: aprende inglés. Y ahora que ya te he dado ese primer consejo, avancemos.

Ahora bien, construir una carrera en consultoría **no es una tarea sencilla**. Aunque superemos la barrera del idioma (te prometo que ya no te molesto más con este tema), todavía enfrentaremos desafíos. En un ambiente competitivo como este, no siempre es fácil avanzar. Pero no te preocupes, ¡tienes entre tus manos una herramienta poderosa para resolver estas cuestiones!. Te daré los consejos clave que te ayudarán a crecer e ir de junior a senior en tiempo récord. Pero ¿qué significa "tiempo récord"? En concreto, la idea es **que alcances un nivel *senior* en tan solo dos años**. Mi objetivo (y tu objetivo a partir de ahora) es que logres subir ese gran peldaño en ese corto tiempo.

Pero, antes de seguir, ¿quién soy yo y por qué me creo lo suficientemente satisfecho conmigo mismo como para ayudarte a avanzar en tu carrera? Ya mismo te lo cuento. Soy Olivier. Vengo de Canadá, de Montreal, en la parte francesa de Canadá, más precisamente. Por eso, siendo que el francés es mi lengua madre, además de que también hablo español y portugués, puedo asegurarte que los idiomas que no son el inglés te sirven de poco y nada en esta profesión… Y ahora sí, te prometo que ya no insisto más con el tema del idioma.

¿Cómo empecé mi carrera? Cuando tenía 20 años, me encontraba en una encrucijada vocacional a la que se enfrenta la mayoría de los jóvenes. Al contrario de muchos de mis compañeros de universidad, que seguían los pasos profesionales de sus padres, yo no venía de una familia con experiencia en el campo de los negocios ni de la tecnología. No tenía contactos, nadie que pudiera aconsejarme o darme experiencia professional pertinente. A pesar de eso, puedes pensar: "Pero eres canadiense, eso ya es un privilegio en comparación con otros países", lo cual es cierto. No niego el privilegio de haber nacido en Canadá, pero nací en una familia de clase trabajadora, donde mi mamá era maestra de escuela pública y mi papá estaba desempleado. Además, asistí a una de las peores escuelas secundarias de la provincia, donde no sobraban los recursos ni las oportunidades de aprender. Sin embargo, creo que lo que me diferenció de muchos de mis compañeros fue la importancia que le daba mi familia a la educación. Ese motor me impulsó para seguir adelante y crecer a pesar de los obstáculos.

En ese escenario, me formé de cero y trabajé duro para abrirme camino en la universidad. Pero, a pesar de mis esfuerzos, mientras cursaba mis estudios de *Business* en Montreal me perseguía una sensación de… inadecuación. No tenía una idea clara de lo que quería hacer con mi vida y cómo podía triunfar en mi carrera.

Sentía que **me hacía falta encontrar mi misión profesional**, para encaminar mis esfuerzos y conseguir lo que realmente deseaba.

A medida que me fui formando en estrategia de negocios, me interesé en la consultoría. Conocí empresas de renombre y gigantes del sector, como Boston Consulting Group, Bain y McKinsey, y encontré finalmente un área en la que quería crecer. Sin embargo, el camino no fue sencillo. ¡No consigues empleo en una consultora Big Three de un día para el otro! De hecho, uno de mis primeros trabajos mientras estudiaba (y con el cual pagué mis estudios) fue como camarero. Pero tengo que admitirlo: ¡no era especialmente bueno como mesero! Sin embargo, algo que me enseñó este trabajo por el que pasan tantos jóvenes de clase media como el que era yo —y que me sigue resultando útil hasta el día de hoy— es una preocupación real por la satisfacción de mis clientes. Ya en ese momento sabía que quería ser un profesional que pudiera ayudar a otros y en el que las personas pudieran confiar. Después de todo, cuando pensamos en los consultores, imaginamos a individuos dignos de confianza y con habilidades interpersonales excepcionales. Quizá yo no era el mejor llevando una bandeja o cargando una decena de platos al mismo tiempo sobre mis antebrazos… ¡Y más de una vez confundía las órdenes! Pero mis habilidades interpersonales brillaban. Sabía caer bien a la gente, podía recomendarles los mejores platos según sus gustos, y así también aprendí que me gustaba trabajar con otros.

Aunque desde el inicio supe que quería meterme de lleno en la consultoría, mi primera experiencia profesional empezó por otra dirección. Mi primer trabajo serio llegó cuando conseguí un puesto en una manufacturera farmacéutica. Mi tiempo en esa empresa no fue particularmente desafiante (de hecho, tengo que admitir que me parecía el empleo más aburrido del mundo). Sentía que estaba perdiendo los mejores años de mi vida haciendo un trabajo que podría haber realizado mejor un software en la que no querían invertir. Mis colegas tenían entre 40 y 60 años, y no habían hecho grandes cosas en sus carreras ni mostraban motivación en sus tareas. Solo llegaban a la oficina, se sentaban en sus sillas, ingresaban datos en el sistema durante ocho horas y se iban a sus casas en los suburbios. Pero, a pesar de todo esto, ese primer empleo me brindó una valiosa experiencia laboral: **me enseñó lo que *no* quería hacer con mi vida y me permitió descubrir lo que *sí* me interesaba**.

Como mi verdadera pasión estaba en el ámbito IT, decidí especializarme en este campo. Luego de dos años en la empresa manufacturera, logré pasar del departamento de producción al departamento de IT. Con esa nueva experiencia, ya encaminado en el rumbo que quería, sentí que había llegado el momento de buscar **nuevos desafíos**.

Fue a los 26 años cuando finalmente obtuve una entrevista para un puesto de consultoría. Aunque el salario no era exorbitante, representaba un gran logro para mí y una señal de éxito: me acercaba a mi meta de ser consultor. Me preparé intensamente para la entrevista. Estudié como si fuera para un examen de la universidad… De hecho, creo que me preparé más que para los exámenes de la universidad (sinceramente, no era el mejor alumno). Gracias a eso, ¡lo conseguí!

Una vez ahí, trabajé incansablemente; sabía que esta oportunidad era lo que estaba esperando. Desde ese momento, las cosas no dejaron de mejorar. Luego de un año, lideré una de las mayores implementaciones en Canadá y, a los dos años, me mudé a Australia para convertirme en el *lead consultant* del mayor proveedor de NetSuite de la región. Y, finalmente, ¡llegué a fundar mi propia consultora!

¿Pero cómo llegué a eso? **¿Y cómo llegarás tú a crecer e ir de *junior* a *senior* en tan solo dos años?** Para crecer en consultoría, como en otras áreas profesionales y competitivas, la clave es **siempre tratar cada oportunidad como si fuera la más importante**. Así como un atleta profesional corre cada carrera de práctica como si fuera la carrera real, para tener éxito en este campo debes tratar cada tarea, cada proyecto, cada entrevista, como si fuera un momento decisivo en tu carrera. Y esto no es fácil. Requiere compromiso, una mentalidad seria y una dedicación constante. Cada tarea, cada proyecto y cada cliente deben ser tratados con la mayor atención y motivación. Y no, no se trata de hacer muchas cosas a la vez, **sino de hacer algunas cosas excepcionalmente bien**.

Estos primeros consejos son clave; aunque, también, un poco generales. Pero si te reconoces aunque sea un poco en esta búsqueda, sigue leyendo, porque este libro será tu compañero perfecto para los dos primeros años de tu carrera. No importa desde dónde empieces, si te enfocas en trabajar duro y te tomas el tiempo de entender tus fortalezas y objetivos, podrás llegar en poco tiempo a ser un experimentado consultor senior.

A continuación te proporcionaré estrategias, conocimientos y herramientas precisas que te ayudarán a sentar las bases de carrera (definiendo tus metas, tu nicho y tu empleador), a entender cómo trabajar en tu *networking* y tus habilidades blandas, y a planear tu carrera a largo plazo.

¿Listo para empezar el recorrido? ¡Vamos!

DE **JUNIOR** A **SENIOR** EN TIEMPO RECORD

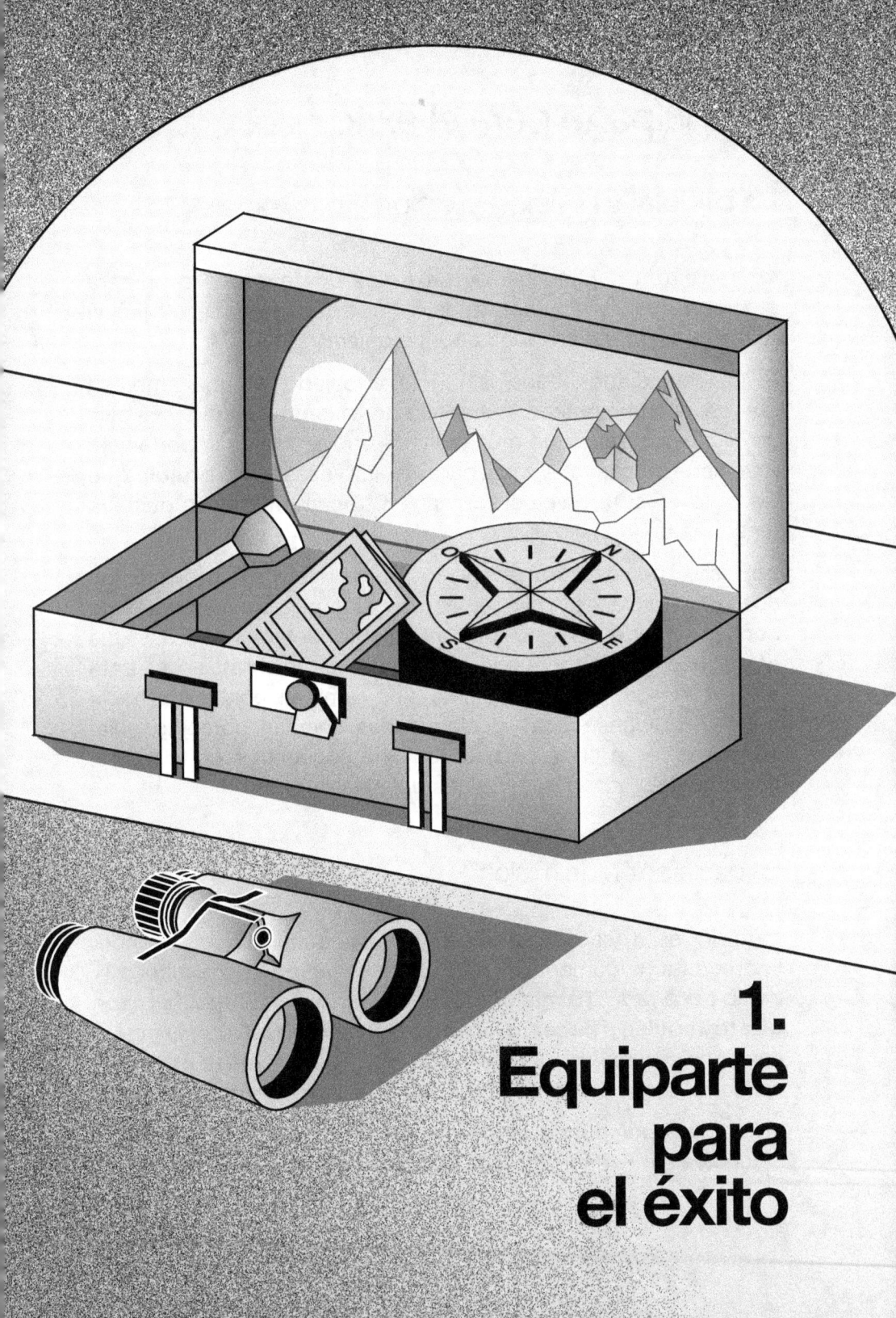

1.
Equiparte
para
el éxito

1: Equiparte para el éxito

La brújula: tu misión y visión

Aquí inicia tu camino de los próximos dos años. Y la primera pregunta que debes hacerte es… ¿por dónde empiezo? ¡Fácil! Antes que nada, toca elegir adónde quieres ir.

Si has estudiado negocios o has trabajado en una empresa grande, seguramente te suena eso de "**misión y visión**". Es casi un cliché, algo a lo que muchas veces no le damos importancia. Pero tiene mucha relevancia para las empresas: **es la brújula que las guía**. Y, si tú quieres avanzar en tu carrera, ¿no te gustaría tener una brújula?

Por eso, ¿por qué no escribir tu propia misión y visión? Estas dos "declaraciones" personales son más que simples palabras bonitas. Pueden ser lo que realmente determine todas tus decisiones, tu horizonte a lo lejos. En otras palabras, no se trata solo de describir lo que haces, sino también por qué y hacia dónde te diriges. Estas declaraciones servirán como tu guía, orientándote en cada encrucijada que encuentres en el futuro. Veamos qué son y cómo puedes definirlas.

La declaración de misión

La misión es tu punto de partida. Para encontrarla, debes responder la pregunta fundamental: ¿por qué has elegido la consultoría IT como tu carrera? **Tu misión debe reflejar tu propósito, la razón que te impulsa a hacer lo que haces**. Asegúrate de que tu misión sea concisa y refleje claramente aquello que quieres aportar: qué servicios ofreces, cuál es tu público objetivo y cómo creas valor.

¿No sabes por dónde empezar? No te preocupes, he reunido algunos elementos útiles para pensar tu misión:

- propósito
- clientela
- habilidades
- diferenciadores
- lo que mis clientes dicen de mí
- lo que mis colegas dicen de mí

En esta tabla encontrarás posibles respuestas para cada uno de estos factores, combinables entre sí:

Propósito	Clientela	Habilidades clave	Diferenciadores	Lo que mis clientes dicen de mí	Lo que mis colegas dicen de mí
Ayudar a empresas a crecer de manera sostenible	*Startups*	Gestión de proyectos	**Lograr una implementación rápida, con poco tiempo de inactividad**	"Hizo que nuestro negocio fuera más eficiente"	"Siempre cumple con los plazos"
Navegar el cambio digital	Empresas Fortune 500	**Estrategia de alfabetización tecnológica**	Conocimiento profundo de la industria	"Entiende nuestro sector a fondo"	"No le tiene miedo a los desafíos"
Impulsar la innovación	**Pymes de Latinoamérica con alto crecimiento**	Pensamiento creativo	Agilidad, prototipado rápido	"Nos ayudó a llegar al lanzamiento a tiempo"	**"Siempre tiene ideas nuevas**
Mejorar la ciberseguridad	Agencias gubernamentales	Implementación de protocolos de seguridad y auditoría	Conocimiento avanzado del módulo manufacturero	"Sus recomendaciones están basadas en datos y lógica"	"Tiene un estándar de calidad alto"
Optimizar procesos empresariales	Proveedores de salud	Análisis de datos y habilidades técnicas	Especializado en tecnología sanitaria	**"Fue honesto sobre nuestros errores"**	"Disfruto trabajar con él/ella"

¡Llevémoslo a la práctica! Imaginemos un consultor que, como tú, está en sus primeros años de carrera, buscando crecer. Llamémoslo "Fulano". Una posible misión para Fulano, siguiendo la tabla anterior, sería la siguiente:

Mi misión es ayudar a crecer de manera sostenible a pymes de Latinoamérica con alto crecimiento, creando una estrategia de alfabetización tecnológica. Mi diferenciador es poder lograr una implementación rápida, con poco tiempo de inactividad. Quiero que mis clientes me reconozcan por mi honestidad sobre mis errores, y que mis colegas opinen de mí que siempre traigo ideas nuevas.

Con esta misión, Fulano ya está bien encaminado para planear sus siguientes objetivos.

¡Es hora de pensar tu propia misión! Vuelve a revisar la tabla y elige una opción de cada columna (¡también puedes sumar opciones nuevas!). Con esos elementos, escribe tu misión para que te acompañe de aquí en adelante.

_____

_____

_____

_____

_____

_____

_____

_____

_____

La declaración de visión

Seguramente alguna vez te hicieron la típica pregunta de entrevista laboral: **"¿Dónde te ves en cinco años?"**. Bueno, **la visión podría ser la respuesta a esa pregunta**; se proyecta hacia adelante, como si pintaras un cuadro de cómo te ves a ti mismo en un futuro en el que lograste tus objetivos.

La visión responde preguntas como "¿dónde quieres estar en el futuro?" y "¿cómo imaginas tu éxito a largo plazo?". Más que nada, debe ser inspiradora y motivadora. Debe ser amplia y general, sin centrarse demasiado en detalles cotidianos y específicos. ¡Y no temas ser ambicioso! Siempre es bueno apuntar alto para desafiarte a ti mismo. Luego para achicarse hay tiempo, ¿verdad?

Esta nueva tabla está orientada a tu visión. Incluye:

- tus cualidades sobresalientes (profundizaremos en esto más adelante, en la sección "Tus herramientas: fortalezas y debilidades");

- tu mercado objetivo o público meta; y

- tu estrategia de salida (esto último se refiere a qué rumbo te gustaría tomar luego de haber cumplido tu objetivo de dos años y llegar a *senior*).

Mercado objetivo / público meta (región, tipo, área)	Cualidades sobresalientes	Estrategia de salida
América Latina Empresas pequeñas *Retail*	Fiable, con pensamiento crítico	Crecer en consultoría (convertirme en manager, obtener proyectos más grandes, etc.)
Alcance global *Startups* Tecnología	**Innovador, creativo**	Asociarse con una startup
Europa Hospitales Salud	Adaptabilidad, liderazgo	Hacer un MBA para obtener luego un puesto en una gran corporación
Estados Unidos Empresas medianas Finanzas	Analítico, orientado a datos	**Convertirse en consultor independiente**
Asia Grandes empresas Energía sustentable	Especialista, conocimiento profundo	Unirse a un fondo de capital privado con una estrategia de Roll-Up en Private Equity[1]

1: La estrategia de Roll-Up en Private Equity consiste en adquirir y consolidar múltiples empresas en un mismo sector bajo una única entidad y arquitectura tecnológica. Esto busca aumentar la eficiencia, reducir costos y crear una entidad más grande y sólida para su posterior venta o crecimiento.

Volvamos a nuestro amigo Fulano y veamos qué visión armó usando la tabla:

Mi visión es ser un consultor para pequeñas empresas de retail de América Latina, reconocido por ser innovador y creativo, y eventualmente convertirme en un consultor independiente.

Una meta clara como esta puede guiarte e impulsarte, no importa cuán lejos esté tu objetivo ni a cuántos obstáculos te enfrentes. **¿Te animas a armar tu propia visión? ¡Adelante! No te olvides de tenerla siempre presente para conocer tu horizonte.**

Una vez que tengas en claro tu misión y visión, debes tener en cuenta que **la empresa en la que trabajes debe estar alineada con tu misión y visión personales**. Si tus objetivos y los de la empresa en la que trabajas van en direcciones opuestas, te costará mucho crecer de la forma y en el tiempo en el que quieres hacerlo. Pero, ¿cómo puedes asegurarte de elegir la empresa adecuada? La respuesta a esa pregunta la encontrarás en el próximo apartado. ¡Sigamos adelante!

El camino: ¿cómo elegir la empresa correcta?

Elegir tu empresa es como elegir tu barco. Así como trabajas para que tu nave avance, echando carbón a la caldera o arriando las velas, también depende del barco impulsarte. Es un trabajo en conjunto donde navegante y nave se acoplan para llegar lejos. Por eso, es esencial que sea un buen fit, y que la empresa en la que te encuentres se ajuste a tus metas, personalidad y preferencias. **De todas las decisiones que tomarás en esta etapa de tu carrera, elegir la empresa es la decisión más importante**.

Ahora bien, ¿cómo puedes elegir exactamente la empresa adecuada para ti? No es lo mismo trabajar en una gran empresa internacional, en una *startup* local o en una pequeña empresa familiar. Todas tienen sus pros y sus contras, y estos dependerán de tus objetivos. Por eso, es crucial contar con una sólida estrategia para elegir tu camino y saber qué esperar a futuro.

A continuación, explicaremos los cuatro factores clave para elegir a tu empleador: reputación, enfoque, tamaño y alcance.

1. Reputación de la empresa

En el mundo de la consultoría IT, tu reputación es aquello que te mantiene a flote. Y tu reputación comienza con la reputación de la empresa para la que has trabajado. ¿Alguna vez has visto los perfiles de LinkedIn de antiguos empleados de Deloitte, por ejemplo? Todos comienzan presentándose como "Ex-Deloitte". Es prácticamente como un segundo diploma, que responde a la siguiente lógica: si tal empresa es de élite, sus consultores también deben ser de élite. Esto no siempre es necesariamente cierto, ya que las empresas de élite también tienen empleados y procesos deficientes, pero esa percepción es verdadera, y eso es lo que importa, porque influirá en la opinión de otros sobre tu trabajo, como una carta de presentación. Por eso, **la empresa que elijas debe tener una reputación excepcional**.

Por lo general, solo hay de 3 a 5 empresas líderes en cualquier área. Puedes investigar en diferentes lugares para encontrarlas. Aquí te comparto algunos *tips*:

- Navega sitios profesionales como Linkedin para encontrar referentes de tu industria y ver en qué empresas trabajan.

- Visita sitios especializados en tu área, como TechCrunch para tecnología o Forbes para negocios.

- Analiza informes de mercado, como los de Gartner y Forrester.

- Asiste a ferias y conferencias de tu industria.

- Sigue en redes sociales a líderes de tu sector.

- Conversa con expertos en tu campo para aprovechar su experiencia y conocimiento.

Una vez que hayas delineado empresas en las que te gustaría trabajar con toda esta información, recorre sus sitios para investigar sobre su equipo, sus clientes y su proyección a futuro.

También puedes hablar con empleados actuales o anteriores — LinkedIn es un buen lugar para acceder a ellos— para conocer más sobre el ambiente interno. No tengas miedo de contactar antiguos empleados para consultarles sobre la compañía; verás que la mayoría estarán dispuestos a darte su opinión. Además, ¡es una decisión muy importante para tu carrera! Supera tu timidez para tener toda la información disponible a la hora de decidir.

2. Enfoque de la empresa

Como dice el dicho: **quien mucho abarca poco aprieta**. Y es muy cierto. Por eso, te recomiendo que, a la hora de elegir dónde trabajar, tengas en cuenta esto: **tu empresa debe enfocarse en un conjunto limitado de tecnologías**.

Para convertirte en un maestro hace falta dominar una sola disciplina en vez de conocer superficialmente varias disciplinas diferentes. ¡Evita trabajar en empresas que abarquen mil tecnologías a la vez! Intentarán seducirte convenciéndote de que un *portfolio* grande de tecnologías te valorizará más como consultor, pero la realidad es que una variedad muy amplia de *softwares* solo dificultará tu desarrollo como experto en un área particular. No quieres dedicar 5 horas semanales a 8 tecnologías diferentes, sino dedicar 40 horas semanales a un software específico y acumular una experiencia enorme que te consolide como experto.

A la hora de elegir cuál será tu disciplina de cabecera, es útil conocer cuáles son las más vigentes en tu sector. Hay varias grandes categorías tecnológicas que podemos llamar "estrellas". Las tecnologías "estrellas" suelen ubicarse en "constelaciones", dependiendo del sector tecnológico donde se las utiliza.

En el siguiente gráfico puedes conocer algunos de los grandes astros de la industria:

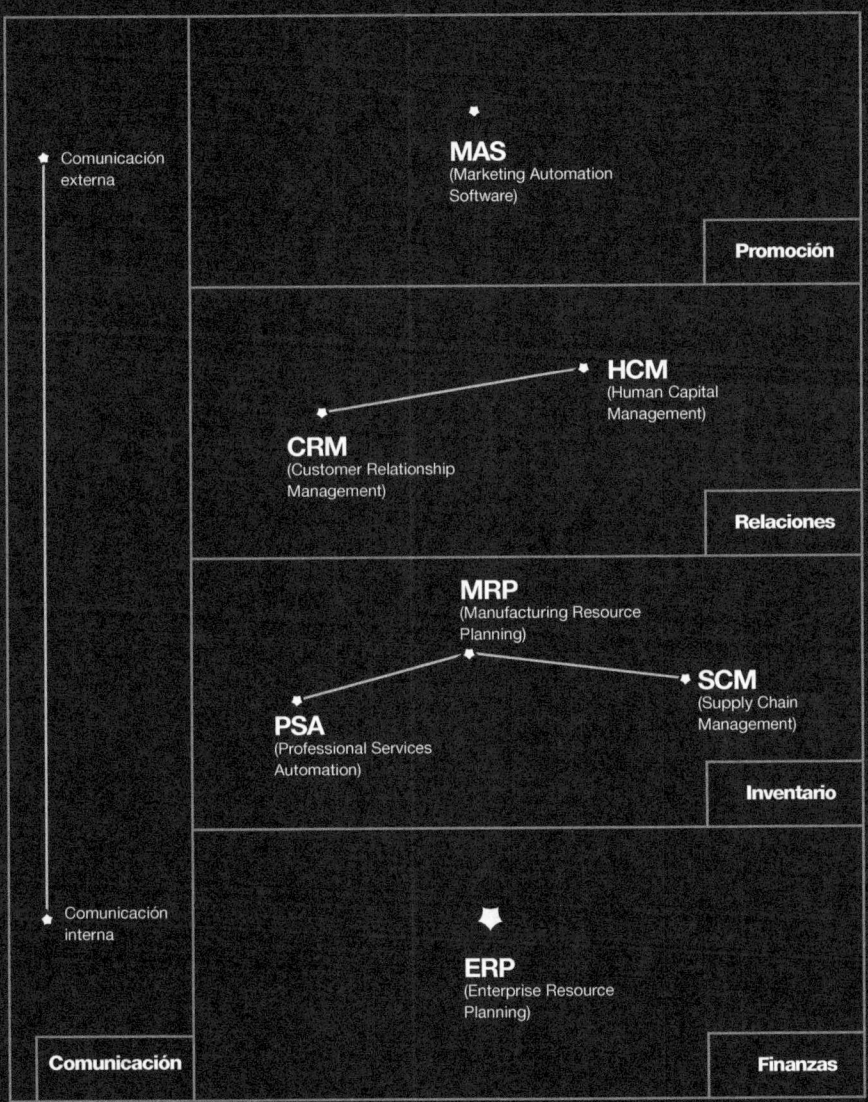

MAS
(Marketing Automation Software)

Promoción

Comunicación externa

HCM
(Human Capital Management)

CRM
(Customer Relationship Management)

Relaciones

MRP
(Manufacturing Resource Planning)

SCM
(Supply Chain Management)

PSA
(Professional Services Automation)

Inventario

Comunicación interna

ERP
(Enterprise Resource Planning)

Comunicación

Finanzas

Para entender el enfoque de una empresa, podemos justamente pensarlo como un sistema solar. En el centro estará su Sol, el eje central de su negocio. Alrededor de este, encontramos diferentes planetas y satélites, tecnologías que varían dependiendo de cada compañía.

Veamos, por ejemplo, cómo sería el sistema de una empresa con un Sol en *Enterprise Resource Planning (ERP)*:

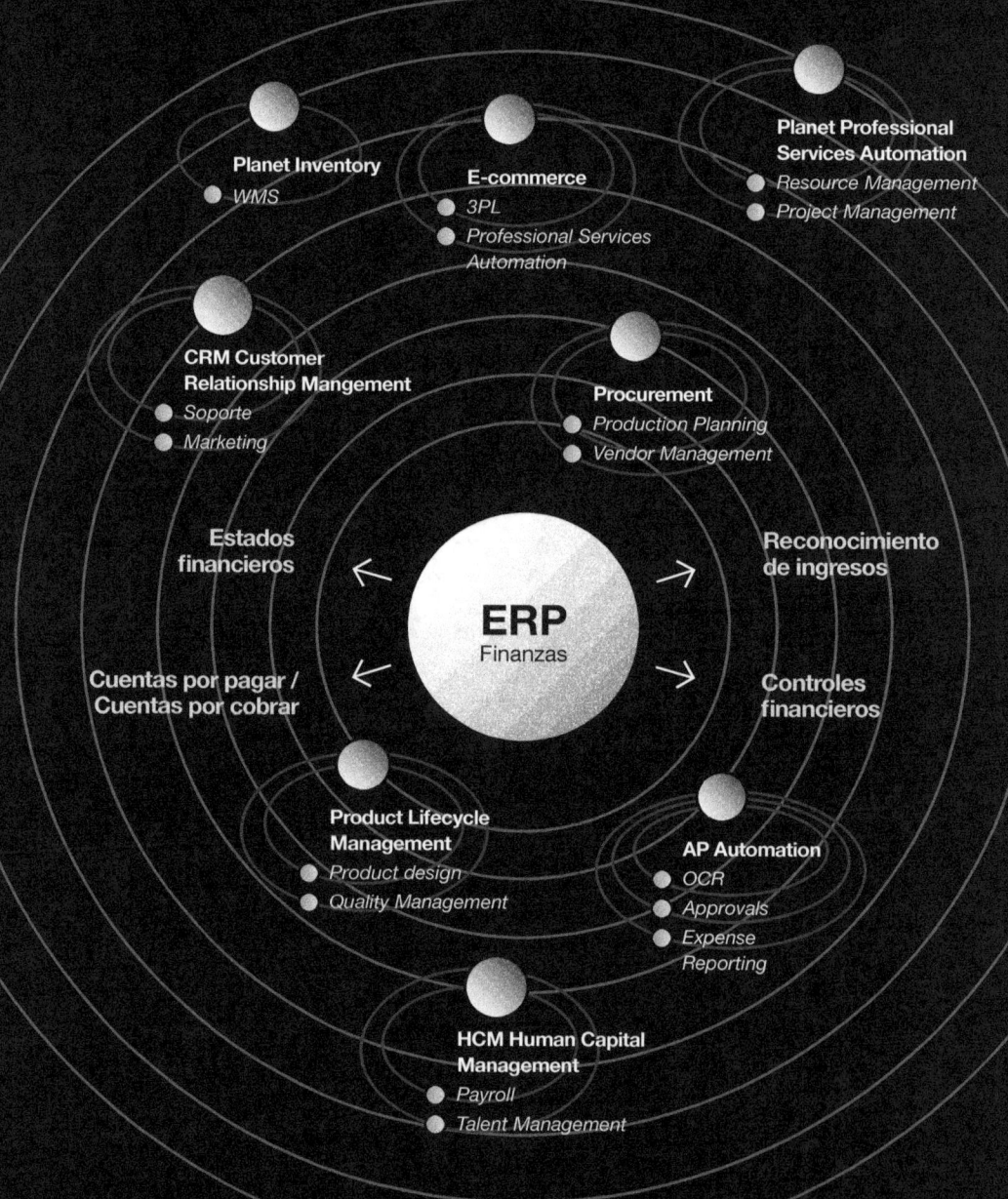

Una vez que identifiques el enfoque que más te interesa, es clave investigar qué softwares son los más utilizados en ese ámbito y cuáles se alinean con tu visión.

Para esto, puedes utilizar herramientas como **Gartner Magic Quadrant, Forrester Wave, TrustRadius** o **Capterra**, que ofrecen información sobre el posicionamiento competitivo de diferentes proveedores de tecnología y permiten encontrar a los líderes del mercado. Una vez que hayas definido aquellos softwares en los que te conviene formarte, considera empresas que trabajen con ellos. Esto te permitirá maximizar tu experiencia y aprovechar las tendencias del mercado, para convertirte en un experto en los programas que se demandarán a futuro.

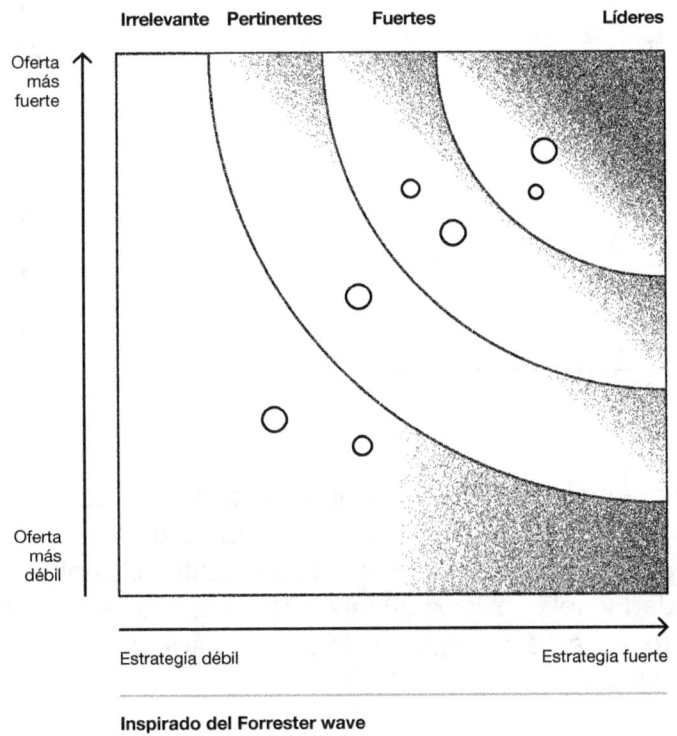

Inspirado del Forrester wave

Como último consejo, para evaluar la empresa es útil también tener en cuenta la cantidad de productos y servicios que ofrece y su aplicabilidad a diferentes contextos. Si ponemos en relación el número de productos y su contexto de uso (como veremos en el siguiente gráfico), podemos encontrar las empresas ideales en el cuadrante superior izquierdo.

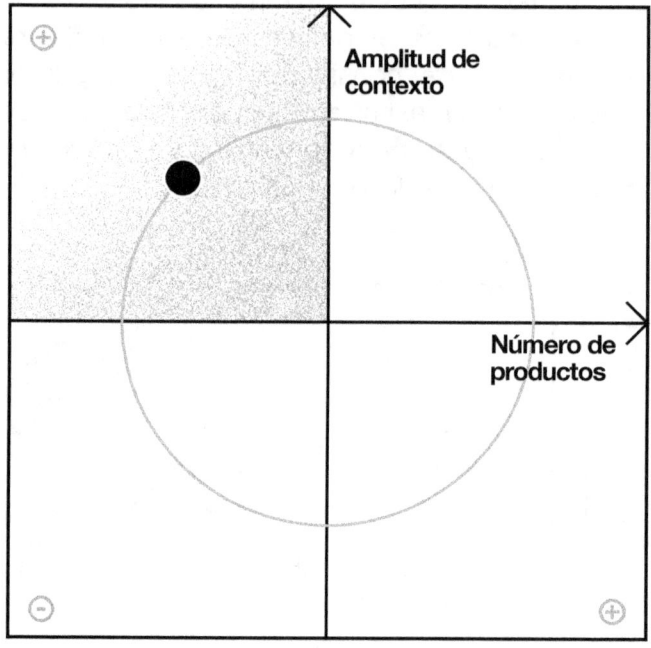

Buscamos idealmente una empresa que ofrezca una gama limitada de productos y servicios que sean versátiles y adaptables prácticamente a cualquier situación. Esta combinación de simplicidad y aplicabilidad generalizada identifica a una empresa altamente eficiente y adaptable, la opción perfecta para tu carrera y tus objetivos.

3. Tamaño de la empresa

Ahora, la gran pregunta: ¿el tamaño... importa? Claro que sí. El tamaño de la empresa es un factor clave a la hora de elegir dónde trabajar.

Entonces, ¿prefieres ser un pez grande en un estanque chico o un pez chico en un estanque grande? Hay un número que consideramos "óptimo" —o, como me gusta decirle, el *sweet spot*— en términos de tamaño: **entre 50 y 150 empleados**. Diremos que este número es ideal porque ofrece un equilibrio perfecto entre oportunidades de crecimiento y un lugar de trabajo suficientemente consolidado.

Pero ¿por qué no decimos simplemente "cuanto más grande, mejor"? Para esto, es útil conocer las **cuatro etapas del ciclo de vida de una empresa**.

En la **primera etapa**, cuando las empresas de consultoría tienen **menos de 10 empleados**, suelen estar centradas en sus fundadores, cuyas habilidades y personalidad son responsables de su éxito y crecimiento inicial. En esta primera etapa, los fundadores están en contacto con el trabajo de todos los días, la contratación y la implementación del negocio. La mayoría de los empleados que están desde los primeros días son personas que el fundador conoce y que están ahí porque trabajan bien. Estás en la primera línea de batalla, pero al ser una empresa muy pequeña, aún no accedes a grandes proyectos ni clientes que aporten reputación.

En la **segunda etapa**, cuando una empresa comienza a crecer, pero aún tiene **menos de 50 empleados**, obtiene más clientes y proyectos, lo que conduce a más contrataciones. En esta etapa intermedia, la empresa adquiere más capas de gestión y aparecen los managers. El fundador no se involucra tan directamente, aunque sigue en contacto con el equipo de manera diaria. Su rol pasa a ser más el de un "control de calidad" para las implementaciones, en vez de uno de supervisión directa. Esto permite ampliar la cantidad de proyectos, clientes y empleados, sin perder calidad.

Este escenario nos da la posibilidad de asumir rápidamente tareas diversas y de mayor responsabilidad, pero la compañía no tendrá aún tanta reputación ni alcance como para que podamos participar en proyectos de mayor envergadura. Por lo tanto, tampoco es exactamente lo que estás buscando.

En la **tercera etapa**, cuando la empresa tiene **entre 50 y 150 empleados**, se consolida su reputación como un socio de implementación confiable, lo que lleva a acuerdos más grandes. En este punto, podemos considerar que la empresa se encuentra en una especie de "luna de miel", donde todos colaboran de manera armoniosa. Los proyectos se entregan de forma eficiente y rápida, y la fórmula que llevó a la empresa hasta este punto sigue funcionando, lo cual genera resultados positivos. Es una etapa de navegación tranquila, donde los ingresos pueden pasar de 10 millones de dólares a 30 millones con cambios mínimos en comparación con los primeros días. La mentalidad imperante en este momento es: "Si todo esto es posible, ¿por qué detenerse aquí?". Es una empresa exactamente en este punto la que estás buscando. El éxito y el crecimiento de la misma te darán desafíos constantes, así como los medios para superarlos y marcar la diferencia. Y así, la empresa entra en la cuarta etapa, la última que cubriré aquí.

En la **cuarta etapa**, la empresa alcanza **más de 150 empleados**. Sin embargo, administrar una empresa con tanta gente es completamente diferente. Se necesitan nuevas estructuras y habilidades que la mayoría de los fundadores no poseen. En esta etapa, las implementaciones suelen volverse más caóticas, y puedes encontrarte con proyectos de baja calidad, nuevos consultores trabajando de manera completamente diferente a los de los primeros días, o contrataciones de "emergencia" (contractors incorporados a último momento para "salvar" los proyectos). Además, la empresa necesita nuevas estructuras y departamentos con los que antes no contaba.

Pero aquí está el problema: lo que hace que alguien sea bueno para lanzar una empresa de consultoría en IT y hacerla crecer hasta 150 consultores y 30 millones de dólares no necesariamente lo capacita para llevar esa empresa a 500 trabajadores y 100 millones en ingresos. Desafortunadamente, la mayoría de los fundadores no comprenden esto y fracasan al llevar su compañía al siguiente nivel. He visto varias empresas fracasar al intentar dar este salto de tamaño, y perder reputación, clientes y consultores, para finalmente caer en el olvido.

Por otro lado, las empresas que tienen más de 150 empleados, aunque suelen ofrecer estabilidad y clientes importantes, presentan el riesgo del anonimato. Es fácil perderte en la multitud y terminar realizando las mismas tareas durante años sin posibilidades de ascender. Y, si eres excepcional en una tarea monótona, es probable que te dejen haciéndola para siempre...

Por eso, considero que **es esencial elegir una empresa en el punto óptimo de 50 a 150 consultores**: lo suficientemente avanzada y desarrollada, pero lo bastante temprana para evitar los desafíos que enfrentan las empresas más grandes. Elegir una empresa de tamaño intermedio —ya con cierta reputación, pero que ofrezca menos anonimato— puede reducir los riesgos y ofrecer mayores oportunidades de crecimiento. Como jugador joven, siempre te convendrá ser titular de un equipo no tan grande y salir al campo, en vez de jugar en un equipo de categoría y no pisar el césped. Esa experiencia de tus primeros años es la que te permitirá luego competir con los mejores.

4. Alcance global

¿Qué prefieres: trabajar sólo dentro de los confines de tu país o poder llegar a todo el mundo? La respuesta es bastante obvia... Si trabajas siempre con proyectos nacionales, con un escenario y una lógica familiares, te sabes de pies a cabeza todas las especificidades de esa región. Pero, a la vez, siempre te encontrarás con el mismo tipo de proyecto y tu fama estará limitada a las fronteras en las que te desenvuelvas. Trabajar para una empresa internacional, en cambio, puede resultar intimidante, pero, a la vez, puede servir de trampolín a nuevas alturas. Siempre aprendemos más con una variedad de desafíos y, además, ampliando tu alcance, tu nombre puede llegar a rincones del mundo que nunca esperabas.

Otro punto importante a tener en cuenta es que el rango salarial puede variar muchísimo de un país a otro. Abrirte a nuevas posibilidades en otros países también puede elevar considerablemente los ingresos que recibas por el mismo puesto. Para expresarlo de manera muy generalizada, un consultor de TI en Estados Unidos gana el doble de lo que ganan sus colegas canadienses, y a su vez, estos últimos obtienen el doble de lo que recibe un consultor de TI en México.

Teniendo esto en cuenta, elegir una empresa con alcance global te permitirá ampliar tu poder de decisión y la escala de tu trabajo. **Una presencia internacional te abrirá más oportunidades para la próxima fase de tu carrera.** Una vez que domines el inglés (ese idioma salvador que vengo militando desde la primera página) podrás sentirte cómodo para comunicarte y trabajar con gente de todo el mundo.

Además, la exposición a diferentes mercados y culturas no solo enriquece tu experiencia y amplía tus habilidades, sino que también te prepara para escenarios más diversos. Por otro lado, puedes aspirar a liderar proyectos globales, **trabajar en oficinas extranjeras o asumir funciones con impacto a escala global.**

Ten en cuenta que hay empresas internacionales que se centran en servir a clientes de una región específica. Las empresas que se enfocan en Europa suelen prepararte para trabajar con clientes de otros países europeos, ya que comparten husos horarios y otros aspectos en común. Hay otras empresas enfocadas únicamente en servir a clientes estadounidenses. Por lo tanto, puedes definir si tu objetivo es trabajar en Europa o Estados Unidos, y elegir una empresa que trabaje con clientes de esa región.

Es crucial, en la búsqueda de empleo a nivel internacional, establecer conexiones con empresas locales o internacionales que estén contratando en tu área y que tengan presencia en los mercados donde desees trabajar. Asegúrate también de comprender bien el marco legal que rige tu trabajo en el extranjero, incluyendo, tal vez, la necesidad de crear una empresa, facturar impuestos, realizar declaraciones fiscales específicas y posibles requisitos de visado. Es igualmente importante comunicar claramente tu disposición a reubicarte o tu preferencia por trabajar a distancia.

¿Cómo vincular los 4 factores?

¡Ya conoces los 4 factores decisivos para elegir en qué empresa embarcarte! Para este punto deberías tener grabados en tu memoria estos pilares: **reputación, enfoque, tamaño y alcance**. Es hora de ver cómo combinarlos y qué priorizar, porque no todo es blanco y negro.

Según mi experiencia, los dos primeros criterios (reputación y enfoque) son más importantes que los otros dos (tamaño y alcance). Para ilustrar bien la importancia relativa de cada uno de ellos, he diseñado una "matriz de decisión" ponderada, que encontrarás después de este párrafo. Podrás utilizarla para comparar fácilmente las empresas que encuentres a medida que avanza tu búsqueda.

Entonces, veamos cómo podemos encontrar a nuestro empleador ideal teniendo en cuenta nuestra misión y visión. Tomaremos de ejemplo nuevamente a nuestro amigo Fulano. Según su misión y visión, su empleador ideal sería una empresa de consultoría que sirve a PYMEs de alto crecimiento en Latinoaméric. Esa empresa tendría un tamaño de unos 50-150 empleados, para que sea lo suficientemente organizada y estructurada y a la vez le de oportunidades de destacarse. En cuanto al enfoque tecnológico, necesitaría una empresa que se dedique a tecnologías que permitan sostener un crecimiento acelerado, como sistemas ERP, CRM y otras herramientas de automatización con grande penetración de mercado.

En su búsqueda, Fulano está considerando a los siguientes empleadores:

Compañía A: Tiene una reputación excelente. Trabaja con tres ERPs diferentes, dos CRMs y un sistema de gestión de recursos humanos. Trabaja en Estados Unidos. Tiene 20 empleados.

Compañía B: Tiene una buena reputación. Está enfocada en un CRM líder del sector. Trabaja en LATAM y en Europa. Tiene 100 empleados.

Compañía C: Tiene una reputación bastante mala. Está enfocada en un sistema contable especializado en empresas manufactureras. Tiene alcance global. Tiene 250 empleados.

Teniendo en cuenta los cuatro factores de decisión que vimos antes, podemos comparar a las tres compañías de esta forma:

Matriz de decisión: *Fit* entre compañía, misión y visión			
	Compañía A	Compañía B	Compañía C
Reputación de la empresa (1-5 puntos)	5	4	1
Enfoque de la empresa (1-5 puntos)	2	5	2
Alcance global (1-3 puntos)	1	3	3
Tamaño de la empresa (1-3 puntos)	1	3	2
Puntaje total	**9**	**15**	**8**

Gracias a este método, podemos concluir que el empleador ideal para Fulano sería la compañía B. En esta compañía tiene más posibilidades para crecer, porque se alinea con sus objetivos, tiene una buena reputación, se enfoca en las tecnologías que le interesan a Fulano, tiene un tamaño mediano y un alcance más global. La compañía A, aunque tenga una buena reputación, al ser más pequeña, probablemente requiera de un ida y vuelta entre diferentes tecnologías, lo que no le permitiría especializarse y, al centrarse en Estados Unidos, no le permitiría conocer otros proyectos globales. La empresa C, por otro lado, aunque es una empresa grande y global, no sería buena opción por su reputación y por enfocarse en tecnologías que a Fulano no le interesan.

¡Ahora prueba hacerlo tú! Si ya tienes en claro tu misión y visión, ¿qué tipo de empleador se ajustaría a tu búsqueda?

Tus herramientas: fortalezas y debilidades

Una vez que has identificado una lista de empresas que coinciden con tus ambiciones, obviamente tendrás que aplicar y ser contratado. Sin embargo, dado que este libro se centra en cómo desarrollar tu carrera como consultor, y no en cómo atravesar el proceso de selección de empresas de consultoría, vamos a abreviar esta parte. Supongamos entonces que has obtenido el puesto en una empresa que se alinea con tu misión y visión. **Desde ese momento, tu misión es descubrir cómo optimizar tus esfuerzos**. Para ello, es necesario conocer tus fortalezas y debilidades, es decir, qué habilidades posees en tu arsenal. Una buena introspección te ayudará a concentrar tu energía en desarrollar lo que haces mejor. No gastes esfuerzos en tus debilidades, por ahora no es necesario ser bueno en todo. Trabaja en lo que te distingue de los demás.

Si, por ejemplo, eres una persona detallista pero no tan creativa, enfócate en la calidad del contenido y apóyate en tus compañeros para las decisiones de diseño creativo. No te frustres intentando resolver todo por tu cuenta.

Esto no significa que, si tienes una debilidad muy evidente, no trabajes en mejorarla para llegar a un nivel decente. No sirve decir: "Soy bueno gestionando, pero no puedo tener una sola idea creativa". En todo equipo hay tareas que debemos realizar aunque no sea nuestro fuerte o que no nos gusten. Incluso los mejores restaurantes necesitan sacar la basura al menos una vez al día. Pero es bueno poder contar con otros en aspectos que nos cuestan y ayudar a los demás con aquello que hacemos mejor.

¿Cómo puedes conocer tus fortalezas y debilidades? A continuación, te daré algunos consejos para ayudarte a identificar tus puntos fuertes y áreas de mejora:

Autoevaluación honesta

Tómate el tiempo para reflexionar sobre tus habilidades, conocimientos y experiencias. Hazlo con sinceridad, sin subestimar ni exagerar tus capacidades, para tener una idea clara de qué te diferencia del resto.

Para esto, existen numerosos *tests* **de aptitudes** disponibles online. En lo personal, prefiero el test HIGH5, ya que no solo te dice tus fuerzas y debilidades, sino que también te propone un plan de acción concreto sobre cómo aprovecharlas. Además, contiene su propio sistema de *peer feedback* para que puedas recibir comentarios de otros colegas. Este *test* tiene una versión gratuita y una completa por USD 29.

También hay otras opciones de tests muy buenos con versiones gratuitas. Aquí hay una lista de algunos de ellos:

- Myers-Briggs Type Indicator (MBTI)
- 16 Personalities
- Big Five Personality Test
- Enneagram
- Kolbe A Index
- Holland Code (RIASEC) Career Test
- CliftonStrengths

Más allá de estos *tests*, también puedes autoevaluarte usando la tabla que te comparto a continuación. Recuerda: ¡nadie te está juzgando! Es algo que solo verás tú. El objetivo es que te conozcas bien a ti mismo; por eso es clave la honestidad.

Completa cada parte de la primera tabla calificando cada habilidad de 1 a 6. Un 1 sería una idea con la que estás completamente en desacuerdo (por ejemplo: "¡nunca transmito mis ideas de forma clara!"), y un 6 sería cuando estás completamente de acuerdo con la afirmación (por ejemplo: "Transmito mis ideas de manera tan clara que todos siempre entienden de una vez!"). Luego, suma tu puntuación para cada categoría y clasifícalas en orden descendente en la segunda tabla, llamada "Plan de acción". Este "Plan de acción" será el resultado de tu autoevaluación. Estableciendo una jerarquía entre tus habilidades de comunicación, resolución de problemas, relaciones, gestión de tareas y aprendizaje - cinco habilidades importantes en la consultoría - podrás identificar cómo utilizarlas a tu favor. Por ejemplo, un consultor cuyas habilidades de gestión de tareas no son muy buenas debería buscar "delegar" ese aspecto del trabajo. Esto podría lograrse, por ejemplo, aliándose con alguien muy organizado, o estableciendo una rutina estricta de gestión de tareas. Lo importante aquí es comprender lo que te hará brillar (tus habilidades más dominantes) y lo que podría hacerte fallar (tus habilidades, digamos... menos obvias). En mi caso, si te interesa, mi capacidad de aprender rápidamente siempre ha sido uno de mis puntos fuertes, mientras que mi capacidad para establecer relaciones profesionales y personales duraderas, y mis habilidades de gestión de tareas siempre han sido puntos a vigilar. Sabiendo esto, he establecido estrategias ganadoras, ¡y te invito a hacer lo mismo!

Comunicación	
Afirmación	Puntuación (1-6)
Transmito mis ideas de forma clara.	
Puedo adaptar mi estilo de comunicación a mi público.	
Escuchar activamente es algo que me sale naturalmente.	
Puedo hablar en público con facilidad.	
Puedo dar y recibir retroalimentación constructiva sin problema.	
TOTAL	

Solución de problemas	
Afirmación	Puntuación (1-6)
Identifico problemas potenciales antes de que se materialicen.	
Puedo aportar un punto de vista claro ante problemas que parecen complicados.	
Puedo mantener la calma cuando estoy bajo presión.	
Sé cómo priorizar tareas durante una crisis.	
Puedo adaptar mi enfoque para resolver problemas nuevos.	
TOTAL	

Relaciones	
Afirmación	**Puntuación (1-6)**
Me gusta trabajar en equipo.	
Me gusta poder resolver conflictos entre colegas.	
Tengo facilidad para construir relaciones profesionales.	
Suelo mostrar empatía por las necesidades de los demás.	
Puedo motivar a otros con facilidad.	
TOTAL	

Relevancia de proyectos	
Afirmación	**Puntuación (1-6)**
Puedo cumplir plazos de entrega sin problema.	
Sé qué tareas priorizar en mi día a día.	
Puedo hacer múltiples tareas a la vez (*multitasking*) si es ne cesario para maximizar mi productividad.	
Puedo delegar tareas a otros eficazmente.	
Solo puedo relajarme por completo cuando estoy seguro de que he completado todas las tareas que me propuse para el día.	
TOTAL	

Aprendizaje rápido y adaptabilidad	
Afirmación	**Puntuación (1-6)**
Suelo aprender de mis errores.	
Me adapto rápidamente a nuevas situaciones y entornos.	
Asumir nuevos roles es algo que me sale de forma natural.	
Puedo aprender nuevas habilidades con facilidad.	
Tengo facilidad para investigar y adoptar nuevas herramientas y tecnologías.	
TOTAL	

Categoría	Nivel	Plan de acción
Categoría 1:	Brillar	Estas son tus **fortalezas primarias**. Úsalas al máximo para maximizar tu éxito.
Categoría 2:	Negociar	Estas son tus **fortalezas secundarias**. Úsalas con discreción cuando veas una buena oportunidad.
Categoría 3:		
Categoría 4:	Delegar	Estas son tus **áreas menos fuertes o debilidades**. Delega tareas en estas áreas a otros que brillen en ellas.
Categoría 5:		

Recopilación de *feedback*

¿Qué opina la gente de ti? Busca comentarios de colegas, profesores o líderes que puedan proporcionarte una perspectiva externa sobre tus habilidades y cómo te perciben los demás. El *feedback* sincero de otros sirve para conocer tus aspectos positivos y también aquello en lo que puedes seguir desarrollándote. Es importante tener esas opiniones ajenas para verte desde diferentes perspectivas.

Si eliges usar la versión paga de HIGH5, esta incluye la posibilidad de pedir y recibir *feedback* de otros. Esto puede ayudar a confirmar o refutar tu propia percepción de tus fortalezas y debilidades.

También puedes usar otros métodos o *tests*, o pedirles a colegas, líderes o conocidos que respondan la tabla de la sección de Autoevaluación honesta con su opinión sobre ti. Compara sus respuestas con las tuyas para ver si coinciden y enriquece tu autopercepción con nuevas miradas.

Buenos inicios: un *sprint* hacia tu primer logro

Ahora que has elegido una empresa, has logrado ser contratado, y conoces tus fortalezas y debilidades, es hora de establecer un plan para asegurarte un gran éxito profesional en el menor tiempo posible. En este capítulo, te voy a dar varios trucos que te permitirán brillar en tu primer mes en tu nuevo empleo. Considera tu primer mes de trabajo en consultoría de TI como tu primer sprint.

Puedo hablarte un poco de mi propia experiencia para darte un ejemplo. Unas semanas después de empezar en consultoría, mi jefe se fue de vacaciones por dos semanas. En el equipo, quedamos solo dos. Mi colega, también nuevo, y yo.

Podría haber simplemente esperado a que mi jefe volviera. Después de todo, era natural pensar que nadie esperaba grandes resultados de mí en mis primeros días de contratación. En lugar de relajarme esperando el retorno del jefe, me ofrecí voluntariamente para encargarme de una parte compleja de un proyecto importante, que requería aprender una tecnología con la que nadie en la empresa había trabajado hasta ahora... ¡y logré superar el desafío!

Cuando mi jefe volvió, descubrió que no solo todo estaba en regla, sino que además yo le había resuelto uno de sus mayores dolores de cabeza: encontrar a alguien que aprendiera esa nueva tecnología. De ahí en adelante, me gané totalmente su confianza y dio por hecha la calidad de mi trabajo. Cada vez que podía, me recomendaba para las tareas de más responsabilidad. **Ya no tenía que probar mi valor, sino solo mantener mi rumbo y la buena reputación que había ganado**.

Por eso, desde el principio, es importante que definas metas claras y realistas que puedas cumplir en el corto plazo. Esto te ayudará a enfocarte en lo que realmente importa y a mostrar tu progreso. No esperes a que te asignen tareas: ¡toma la iniciativa! ¡Sé proactivo! Busca oportunidades para contribuir, hacer preguntas inteligentes y aprender rápidamente.

A continuación, te dejo algunos consejos para dar una primera impresión memorable y positiva.

Aprende una nueva *skill*

¿Hay una nueva herramienta que todavía nadie en la oficina sabe usar? ¡Sé el primero en aprenderla!

Los productos tecnológicos modernos lanzan nuevos módulos constantemente. Cada nueva funcionalidad aporta nuevas herramientas y formas de destacarte. Es útil estar al tanto de las novedades en las tecnologías que usas y actualizarse regularmente sobre los nuevos avances.

Por ejemplo, cuando NetSuite lanzó SuiteAnalytics en el año 2018, fue una gran oportunidad para que un consultor *junior* aprendiera todo lo que podía sobre el tema, porque era una inversión de tiempo que podía traerle mucho reconocimiento. No necesitas saber todo sobre una tecnología nueva para ser considerado un experto; basta con saber un poco más que la persona con la que hablas. Si esa persona no conoce nada sobre esta nueva tecnología, el simple hecho de conocer un poco te convierte mágicamente en un 'experto' a sus ojos., ¡y eso suma muchos puntos! (Además, todo suma al CV).

Rescata un proyecto en crisis

Otra excelente manera de destacarte rápidamente es **contribuir a un proyecto que se cae a pedazos**. Los proyectos pueden entrar en estado de crisis por varias razones: un cliente difícil, una mala compatibilidad entre el equipo y el cliente, falta de esfuerzo del equipo, discrepancias entre la solución propuesta y los requisitos del cliente, la lista es larga. La pregunta que debes tener en mente es: "¿Puedo usar una de mis fortalezas más destacadas para contribuir a resolver este problema?" Para ello, es esencial que conozcas tus puntos fuertes (como hemos visto al principio del capítulo) para identificar buenas oportunidades y tener un gran impacto a corto plazo.

Por ejemplo, si eres organizado y meticuloso, y hay un problema de falta de documentación y desorden en un proyecto, es una buena oportunidad para que brilles y te destaques. Uno de los consultores más talentosos que conocí utilizó exactamente este enfoque, unas semanas después de ser contratado. El proyecto se había lanzado a producción unas semanas antes y, una y otra vez, el equipo se encontraba con problemas de integración. El mayor problema era la falta de claridad sobre qué estaba causando los errores. Al darse cuenta de esto, el consultor realizó un simple análisis de Pareto, asignando una causa a cada error y analizando la distribución. Luego, preparó un informe muy simple, resaltando que dos problemas causaban más del 70% de los errores. No hace falta decir que su jefe quedó muy impresionado, y fue puesto al frente del equipo que presentó y entregó una orden de cambio para abordar la situación. Con solo unos días de trabajo arduo, ganó un reconocimiento que aún le sirve hoy, ahora como gerente en una de las empresas más grandes del mercado. ¡Intenta encontrar tales oportunidades tú también!

Sin embargo, **ten cuidado con los callejones sin salida**: aquellos proyectos en los que se ha llegado a un punto muerto, donde no hay una solución a la vista. La asignación debe ser una victoria rápida, en la que sepas que puedes aportar fácilmente. Una mala asignación a un proyecto sin solución puede costarte meses de trabajo sin avances. Podrás reconocer un callejón sin salida mediante las siguientes alertas: si otros consultores o *stakeholders* piden cambiar de proyecto o renuncian mientras están ahí; si el proyecto está muy excedido en tiempo y presupuesto; si los requerimientos no son claros. En esos casos, ¡huye de ahí! No vale la pena estancarse con causas perdidas.

Identifica victorias pequeñas, pero urgentes

La urgencia y la importancia a menudo se confunden, pero

en realidad son dos cosas muy diferentes. Por ejemplo, correr a abrir la puerta del microondas a los 0:01 segundos para evitar ese molesto "beep-beep-beep-beep-beep" es algo urgente: si no realizas la tarea rápidamente, vas a sufrir ese ruido innecesario e irritante. Pero, por otro lado, nadie se ha muerto por tolerar una alarma de pocos segundos.

Dicho esto, pequeños problemas tienden a acumularse en el flujo de tareas. Si puedes identificar aquellos más urgentes y resolverlos rápidamente (y cuando digo rápidamente, quiero decir, literalmente lo más rápido que puedas), **lograrás una buena relación entre esfuerzo y visibilidad.**

Por ejemplo, un detalle menor pero que tiene cierta urgencia es la recopilación de notas luego de una reunión larga. Quien la haya moderado seguramente esté agotado y de esta forma puedes sacarle un peso de encima. Otra tarea más importante y urgente puede ser crear data genérica (dummy data) para testear una demo que se realizará ese mismo día, es algo fácil de hacer y que puede ser de mucha ayuda. Con pequeños esfuerzos bien dirigidos, te ganarás el título de **"solucionador de problemas".**

Mide la relevancia de cada proyecto

Todos sabemos que nuestro tiempo es limitado; por eso, es importante decidir qué hacer con él. No es lo mismo pasar nuestros primeros dos años de carrera completando planillas burocráticas que invertir ese tiempo en sacar adelante un proyecto unicornio, de esos que aparecen muy de vez en cuando y que concentran todas las miradas.

En los grandes proyectos, generalmente están involucrados tomadores de decisiones clave o *stakeholders* (partes interesadas) importantes dentro de la organización del cliente. Hay **3 aspectos esenciales para entender la relevancia de cada proyecto:** el **impacto** (cuánta relevancia tiene para tu empresa o para el cliente), la **urgencia de la tarea** (cuanto más urgente, mayor crédito recibirás si lo completas en tiempo y forma) y la

importancia de los *stakeholders* (es decir, cuánta relevancia tiene para las personas interesadas).

¿Cómo identificamos a los *stakeholders*? Son aquellas personas importantes que participan de la toma de decisiones, ya sea dentro de la compañía (tu jefe, el CEO u otro cargo de liderazgo) o por fuera (un empleado de alto cargo del cliente, que puede luego hablar en tu favor).

Para evaluar un proyecto (y saber si merece tu tiempo), puedes utilizar la siguiente tabla:

Gestión de tareas		
Impacto del proyecto	**Urgencia de la tarea**	**Importancia de los *stakeholders***
Bajo	Baja	Baja
Bajo	Baja	Alta
Bajo	Alta	Baja
Alto	Baja	Baja
Alto	Baja	Alta
Bajo	Alta	Alta
Alto	Alta	Baja
Alto	Alta	Alta

En esta tabla, la relevancia de los proyectos se puntúa en base a 3 ejes: impacto, urgencia y relevancia para los *stakeholders*. **La estrategia ideal radica en enfocarse en los proyectos que tienen al menos 2 categorías de relevancia "alta"** (los que encontramos hacia el final de la tabla). Estos son los proyectos que tienen el potencial de crear un cambio significativo, que requieren una acción inmediata y que tienen importancia para stakeholders clave.

Al dedicar recursos y esfuerzos a estos proyectos, no solo se maximiza la eficacia, sino que también se fortalecen las relaciones con los stakeholders más influyentes. Elegir el proyecto correcto puede aportar más visibilidad a tu trabajo.

Usar la asignación de recursos a tu favor

Una de las preguntas económicas básicas es cómo asignar recursos limitados a necesidades ilimitadas. Cada empresa de consultoría tiene un proceso de asignación de tareas mediante el cual distribuye sus propios recursos (empleados, horas de trabajo, capacitación) a los proyectos en curso. Conocer los engranajes de este proceso es esencial, porque te permitirá usarlo en tu interés.

Por lo general, los consultores *junior* no tienen voz en las asignaciones, pero puedes cambiar eso simplemente hablando con tu manager y expresando que estás buscando tareas urgentes o proyectos problemáticos. (No menciones que tu objetivo es obtener una alta exposición o ser conocido en las altas esferas, guarda esa información para ti mismo. Es mejor mostrarse interesado en ayudar y no solo en ganar renombre.)

El proceso de asignación de recursos generalmente se desarrolla en estas reuniones que se llevan a cabo con distintas frecuencias:

- **Mensualmente.** La dirección se centra en la planificación a largo plazo con un horizonte de aproximadamente seis meses, para identificar si habrá necesidad de nuevas contrataciones, reasignaciones o posibles brechas de habilidades. Aunque esto es crucial para la estrategia general de la empresa, esta planificación a menudo es demasiado macro para influir directamente en las operaciones diarias. Sin embargo, puedes usar ese proceso a tu favor: aprovecha estos momentos para mencionar a tu jefe que estás interesado en nuevos desafíos, para que te tenga en cuenta la próxima vez que aparezca una oportunidad.

- **Semanalmente.** Los gerentes y los jefes de equipo se reúnen para discutir proyectos, plazos y prioridades, y asignan recursos según sus habilidades y disponibilidad. Esta reunión sirve como columna vertebral para la asignación de tareas y proyectos a corto plazo. Como consultor, debes estar al tanto de cuándo ocurren estas reuniones para poder solicitar a tu gerente que te asigne una tarea de alto impacto.

- **Diaria.** La mayoría de las empresas de consultoría adoptan un enfoque ágil para planificar su día a día. Los equipos a menudo tienen una breve reunión diaria, a menudo llamada scrum, donde cada recurso comunica su disponibilidad inmediata y el estado actual de su tarea a su gerente. Los gerentes utilizan esta información para asignar tareas de última hora y dar prioridad a las actividades que requieren atención inmediata. Esta práctica asegura que todos estén alineados y que las tareas más urgentes no sean descuidadas. Es el momento de hablar y conseguir que te asignen una tarea de alto impacto.

Aprovecha estos momentos de planeamiento para hacerte oír y pedir una participación importante en los proyectos.

Elige tus batallas: encuentra tu nicho

Cómo identificar oportunidades

¿Quieres ser el espadachín, el estratega, el que hace las pociones mágicas, el líder? En cualquier aventura, cada personaje tiene una habilidad especial con la que le hace frente a los obstáculos. Esa especialidad es clave en su recorrido y define su rol en un equipo. En tu propia aventura laboral, es importante encontrar tu habilidad especial lo antes posible. **La adquisición temprana de una especialización puede ayudar a diferenciarte del resto** y construir tu identidad como profesional. A continuación te traigo algunas sugerencias sobre cómo elegir habilidades de nicho y desarrollarlas para distinguirte frente a otros consultores de tu sector.

En primer lugar, conocer tu mercado objetivo y las tendencias en tecnología es clave para adelantarte al resto. Debes identificar áreas de alta demanda y preguntarte **qué habilidades serán valiosas en el futuro cercano** (¡y asegúrate de ser de los primeros en adquirirlas!). Si, por ejemplo, es 2022 y tu empleador se dedica a construir *chatbots*, tienes que entender que ChatGPT y otros generadores de texto con IA serán tendencia pronto. Ser un visionario en tu sector te permitirá estar a la vanguardia y te abrirá más oportunidades. Puedes mantenerte informado prestando atención a las tendencias, a los anuncios estratégicos y a los lanzamientos de compañías relevantes en tu campo. Estate atento a las necesidades y posibles brechas de conocimiento de tu empresa, ya sea por nuevas tendencias o porque se han ido expertos en el tema, para que tu empleador se enfoque en cubrir esas grietas (¡y busca ser tú el encargado de importar ese conocimiento!). Poder anticiparse constantemente a lo nuevo y llegar antes que el resto no es fácil (a menos que seas un adivino), pero tener los ojos abiertos siempre ayuda.

En segundo lugar, es esencial **encontrar tu nicho**. ¿Recuerdas lo que aprendiste en "Buenos comienzos: un sprint hacia tu primer logro"? En ese apartado, vimos cómo obtener un logro temprano y visible eligiendo áreas, proyectos y tareas con alta visibilidad. Debes ser igual de selectivo al elegir tu nicho. Tiene que ser una especialidad donde tus habilidades y pasiones coincidan con las necesidades cruciales de la compañía. Es como seleccionar el caballo ganador en una carrera: debes apostar por un área que no solo sea esencial para la empresa, sino también donde puedas destacarte y hacer una diferencia significativa. Por ejemplo, conozco a varios consultores que se enfocaron rápidamente en módulos muy avanzados de un producto en particular, volviéndose así indispensables para sus clientes y su jefe. O bien, puedes decidir especializarte en una habilidad transversal, que podrás utilizar en varios contextos diferentes. Todo es cuestión de juicio: ¿qué es lo que más falta a tu alrededor?

Adquirir experiencia

Una vez que hayas identificado oportunidades para crecer, ¡es hora de estar a la altura! Investiga programas de formación y certificación en las habilidades que te hagan falta. Obtener una certificación en una tecnología específica no solo demuestra tus habilidades, sino que también aumenta significativamente tu atractivo para los empleadores. Es como obtener un sello de calidad que respalda tus conocimientos y que le aporta valor a tu compañía, ya que podrá presumir el hecho de tener consultores certificados.

En tu búsqueda de cursos, es posible que encuentres algunos con un costo elevado. No temas solicitarle a tu jefe que financie estos cursos; a largo plazo, la inversión será beneficiosa. Puede parecer contradictorio, pero mientras más costoso sea el curso, mejor, ya que esto implica que más personas en tu empresa tendrán que dar su aprobación para asignar el presupuesto, lo que aumenta la visibilidad y el valor percibido de tu desarrollo profesional. De esta forma, tu deseo de aprender tendrá mayor visibilidad y será notado por más gente. Quieres ser reconocido como un experto en el tema, así que es bueno que tu nombre y tu cara estén asociados con esa habilidad. La visibilidad interna es la clave para abrir nuevas puertas y oportunidades.

Una vez que hayas realizado el curso, no te duermas en los laureles. No basta solo con la teoría: ¡es hora de llevar esos conocimientos a la práctica! Una vez que hayas adquirido tus nuevas habilidades, no esperes a que llegue un proyecto que las requiera. Utiliza tu conocimiento recién obtenido de manera proactiva. Encuentra un proyecto que necesite las habilidades que acabas de adquirir y asegúrate de ser asignado a él (a través del proceso de asignación de recursos, como se mencionó en el capítulo anterior). Es fundamental demostrar resultados concretos y aplicar tus conocimientos en situaciones reales

2. Navegar el espacio de trabajo

2: Navegar el espacio de trabajo

Punto de control

¿Ya preparaste tu equipaje para estos dos años de crecimiento? Si leíste con atención la primera parte de este libro, dentro de la maleta deberían estar: tu brújula (misión y visión), tu guía para elegir empleador, un *autotest* de fortalezas y debilidades, y las instrucciones para seleccionar proyectos y nichos relevantes.

Si estás bien equipado y ya empezaste a construir una buena reputación, tus siguientes pasos serán fortalecer tu posición y mantener el rumbo sin desviarte. Pero antes de seguir adelante, veamos si estás realmente preparado.

Elaboré una **lista de condiciones para repasar antes de avanzar.** Resulta muy útil para evaluar si cumpliste tus metas para los primeros meses o si necesitas hacer algún ajuste.

No te preocupes si descubres que te falta alguna condición para seguir, puedes tomarte el tiempo necesario para repasar las páginas anteriores y así llegar en buen estado al final del recorrido.

Checklist de los primeros 6 meses

¿Cómo puedes utilizar la siguiente *checklist*? Muy fácil, revisa los objetivos de la tabla, agrupados por mes y tipo de logro, y suma los puntos de aquellos que hayas cumplido en tus primeros 6 meses de desarrollo.

Ten en cuenta que, para pasar a tu siguiente etapa como consultor, lo ideal es que tengas un mínimo de 70 puntos en tus primeros 6 meses para estar bien encaminado. No te preocupes si te faltan puntos o si no completas cada hito en su respectivo mes. Los tiempos sirven como referencia, pero puedes volver atrás y enfocarte en completar los hitos que tengas pendientes.

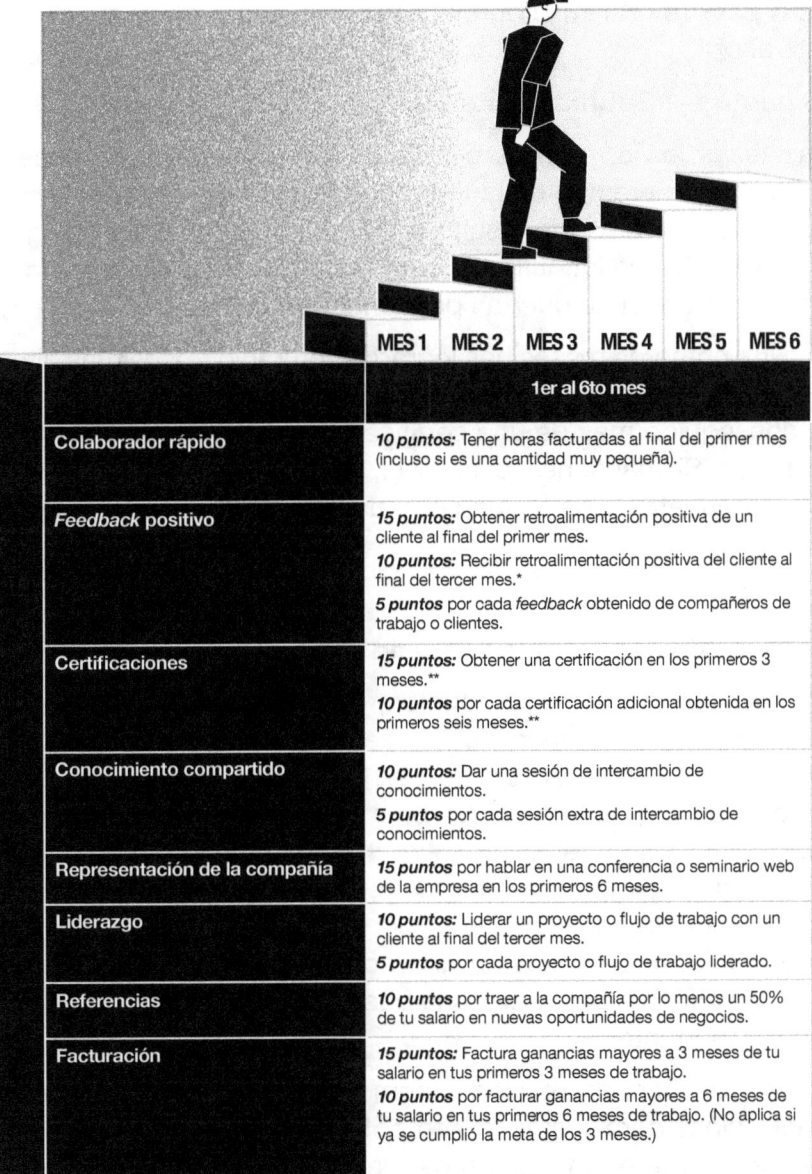

	MES 1	MES 2	MES 3	MES 4	MES 5	MES 6
	1er al 6to mes					
Colaborador rápido	**10 puntos:** Tener horas facturadas al final del primer mes (incluso si es una cantidad muy pequeña).					
Feedback positivo	**15 puntos:** Obtener retroalimentación positiva de un cliente al final del primer mes. **10 puntos:** Recibir retroalimentación positiva del cliente al final del tercer mes.* **5 puntos** por cada *feedback* obtenido de compañeros de trabajo o clientes.					
Certificaciones	**15 puntos:** Obtener una certificación en los primeros 3 meses.** **10 puntos** por cada certificación adicional obtenida en los primeros seis meses.**					
Conocimiento compartido	**10 puntos:** Dar una sesión de intercambio de conocimientos. **5 puntos** por cada sesión extra de intercambio de conocimientos.					
Representación de la compañía	**15 puntos** por hablar en una conferencia o seminario web de la empresa en los primeros 6 meses.					
Liderazgo	**10 puntos:** Liderar un proyecto o flujo de trabajo con un cliente al final del tercer mes. **5 puntos** por cada proyecto o flujo de trabajo liderado.					
Referencias	**10 puntos** por traer a la compañía por lo menos un 50% de tu salario en nuevas oportunidades de negocios.					
Facturación	**15 puntos:** Factura ganancias mayores a 3 meses de tu salario en tus primeros 3 meses de trabajo. **10 puntos** por facturar ganancias mayores a 6 meses de tu salario en tus primeros 6 meses de trabajo. (No aplica si ya se cumplió la meta de los 3 meses.)					

*El *feedback* positivo es bastante subjetivo, pero puede ser desde un simple mail de agradecimiento a un reconocimiento formal por tu esfuerzo.

**Ten en cuenta que la certificación debe ser de utilidad. Debería ser comparable a una certificación de Salesforce Associate o similar.

¿Listo para revisar tu progreso? Veamos cuánto has avanzado hasta ahora.

+85 puntos - "Sobresaliente":

Si alcanzas los 85 puntos o más en los primeros seis meses, ¡felicitaciones, eres un consultor nato! Estás bien encaminado a una exitosa carrera en consultoría IT. Probablemente tus colegas y jefes ya te hayan identificado como un recurso de alto potencial y empiezan a abrirse puertas para un futuro exitoso.

Ya en los primeros meses has logrado facturar ingresos más altos que tu salario, recibiste buen *feedback* de colegas y clientes, has conseguido más de una certificación y también has liderado iniciativas. Si mantienes este nivel, estarás en condiciones de lograr tu estrategia de salida cómodamente en los primeros dos años.

70 - 84 puntos - "Por buen camino":

Si obtuviste entre 70 y 84 puntos, ¡tuviste unos primeros seis meses bastante productivos! Ya sentaste las bases para una exitosa carrera en consultoría de IT y estás preparado para construir un argumento sólido para una promoción a mediano plazo. Pudiste facturar una cantidad importante en los primeros meses, igual o mayor a tu salario, obtuviste certificaciones y recibiste comentarios positivos de colegas. Tal vez ya tuviste la oportunidad de rescatar un proyecto problemático en un momento crítico o obtuviste una buena recomendación de algún cliente importante.

Aún no te han identificado como una superestrella en la organización, pero ¡estás a tiempo! Puedes seguir trabajando para destacarte en los próximos meses y alcanzar tu estrategia de salida al final del segundo año.

-70 puntos: "Espacio para mejorar"

Si te encuentras con una puntuación de menos de 70 puntos,

puede serte útil revisar tus pasos anteriores y reforzar tu progreso hasta ahora. Esta puntuación puede deberse a factores como una falta de oportunidades dentro de la empresa para demostrar tus habilidades, una relación poco fluida con tu gerente, una falta de alineación entre tus habilidades y las tareas disponibles, o una combinación de todos estos elementos.

Tal vez lograste facturar en los primeros meses, pero no tanto como querrías, u obtuviste una certificación temprana y buen *feedback* de colegas, pero no tuviste la chance de participar de intercambios de conocimiento o representar a la empresa de ninguna forma.

No te dejes desanimar, tómalo como una señal para entablar una conversación sincera con tu gerente y explorar opciones para destacarte en los próximos meses. Si notas que no hay posibilidades de mejorar en tu compañía actual, podría ser prudente explorar nuevas oportunidades en otro lugar, para no retrasar tu progreso y poder llegar a cumplir tu estrategia de salida a los dos años. Hay espacio para mejorar antes de seguir avanzando, pero ¡solo necesitas enfocar tus esfuerzos para brillar!

Todos para uno y uno para todos: crear alianzas profesionales

¿Listo para continuar? En esta segunda parte del libro aprenderás a navegar las turbulentas aguas del espacio laboral.

Imagina tu lugar de trabajo como un ecosistema con diferentes tipos de personas que desempeñan roles específicos. En todas las sociedades, incluso en la oficina, surgen jerarquías y roles predeterminados. Al igual que en cualquier grupo social, siempre habrá un líder, alguien que asuma el papel del alfa. Si retiras a ese alfa, otro ocupará su lugar. Esto es parte de la naturaleza humana y, por ende, de la dinámica de las oficinas.

Para entender y navegar por esta compleja red de relaciones, te propongo la siguiente **lista de arquetipos**. Estos arquetipos son como personajes en una obra de teatro, cada uno con su papel y estilo únicos. Te aseguro que, si miras a tus compañeros de oficina, podrás identificarlos con al menos uno de estos arquetipos.

Tabla de arquetipos

La diversidad dentro de una empresa suele ser positiva: cada tipo de persona tiene su fuerte y una función en la que se destaca.

En la siguiente tabla, te comparto algunos de los arquetipos que fui identificando a lo largo de los años. Todos estos arquetipos de persona son igualmente valiosos y necesarios. Saber distinguirlos y reconocerte en alguno de ellos puede servirte para entender mejor tus cualidades y medidas de éxito, así como también te ayudará a forjar alianzas útiles. Si eres un visionario, por ejemplo, te convendrá aliarte con un Hombre Renacentista que pueda adaptarse a tus ideas vanguardistas y algo extravagantes.

Arquetipo	Cualidades	Figura histórica o ficticia	Medida de éxito	Posibles aliados
El Tecnócrata	Especialista, optimizador, solucionador de problemas, analista	Tony Stark	Éxito medido por la complejidad de los problemas que resuelve	Aliarse con el Conector para combinar su capacidad técnica con la influencia y la comunicación efectiva del otro
El Conector	Diplomático, creador de oportunidades, comunicador	Jay Gatsby	Éxito medido por su grado de influencia	Aliarse con el Visionario para llevar nuevas tendencias y conceptos a sus redes de contactos
El Pionero	Trabajador incansable, altos estándares de calidad	Henry Ford	Éxito medido por métricas objetivas y cuantificables	Aliarse con el Sherpa para capacitar a otros adecuadamente y con altos estándares de calidad
El Sherpa	Excelente en formación, ayuda a otros consultores a aprender	Confucio	Éxito medido por los logros de sus aprendices	Aliarse con el Tecnócrata para aprovechar su experiencia técnica en el proceso de formación
El Visionario	Siempre al tanto de nuevas tendencias	Steve Jobs	Éxito medido por el grado de innovación que genera	Aliarse con el Hombre Renacentista para enfrentar circunstancias cambiantes con flexibilidad y adaptabilidad
El Hombre Renacentista	Excelente en escenarios cambiantes, adaptable	Leonardo da Vinci	Éxito medido por su habilidad para sobresalir en circunstancias nuevas y fluctuantes	Aliarse con el Pionero para aplicar altos estándares de calidad en situaciones nuevas y fluctuantes

Habilidades blandas para el éxito

Seguramente la gente te pregunta seguido a qué te dedicas y, cuando le contestas "consultor", les cuesta entender en qué consiste realmente. ¿Alguna vez has visto el meme de "Lo que la gente piensa que hago vs. lo que realmente hago"? Si alguien hiciera un meme para el mundo de la consultoría IT, veríamos lo siguiente:

Contra la opinión popular, la realidad es que tu rol es más bien el de psicólogo. Ser un consultor informático, incluso si te inclinas más hacia el lado técnico, tiene mucho más que ver con las personas que con las cosas. Tu capacidad para comprender las necesidades de tu cliente y de tus colegas te llevará mucho más lejos que tus habilidades duras.

Entonces, ¿cuáles son las habilidades que te aportan valor? La experiencia técnica es importante, pero no lo es todo. En el mundo moderno hay un prejuicio que suele valorar más las ciencias duras y los conocimientos técnicos por sobre lo humano y lo creativo. Pero lo que tú tienes para aportar es justamente aquello que no es automatizable y reemplazable por una máquina o por un empleado externo que desconoce los proyectos en profundidad.

Las habilidades blandas, al contrario de las técnicas, son mucho más difíciles de automatizar o externalizar.

La consultoría es una industria de servicios, lo que significa que no se puede ignorar el elemento humano. No importa cuán bueno seas programando o analizando datos, sin la capacidad de comunicar efectivamente tus hallazgos o trabajar como parte de un equipo, tu impacto será limitado. Los clientes buscan más que soluciones técnicas: buscan consultores que puedan entender sus necesidades, temores y aspiraciones a nivel humano. Así como un robot no podría reemplazar a un verdadero terapeuta, ninguna máquina puede calcular las respuestas que daría un consultor con experiencia, empatía y tacto.

Lo que muchas veces necesita el cliente es un oído atento. Más allá de las habilidades técnicas brillantes y los proyectos innovadores, tu habilidad para escuchar con atención y mostrar un genuino interés en las necesidades de los demás es lo que te diferenciará del resto. Como dijo Theodore Roosevelt: "A la gente no le importa cuánto sabes hasta que saben cuánto te importa". Así que recuerda: no te recordarán por la calidad de tus soluciones, sino por cómo las hiciste sentir.

Los reyes se coronan en la máquina de café

Las destrezas sociales no solo te sirven para vincularte con tus clientes, sino también con tus compañeros de trabajo. En el vasto reino de la oficina, los verdaderos líderes se forjan en las conversaciones cotidianas junto a la máquina de café. Es en esos momentos de *small talk* donde se revela la magia de las habilidades blandas. Puede parecer trivial, pero la habilidad para entablar pequeñas charlas, para hacer que alguien se sienta escuchado y visto, es una habilidad que no tiene precio.

Imagina este escenario: estás junto a la máquina de café, esperando pacientemente mientras esa infusión caliente y aromática llena tu taza. Entra un colega, tal vez alguien de un departamento que apenas conoces. En lugar de sumergirte en tu teléfono o en tus propios pensamientos, decides hacer un comentario casual sobre el clima o preguntar cómo ha sido su día.

Ese simple gesto puede tener un impacto monumental. Puede hacer que alguien se sienta visto, reconocido como individuo y no solo como un engranaje en la maquinaria de la empresa. Esto es así sobre todo para alguien nuevo en la oficina, que se siente perdido en el mar de salas, pasillos y nombres nuevos. Para ellos, aunque no estés desde hace mucho más tiempo, eres un componente ya experimentado. Apreciarán que les dediques tu tiempo para integrarlos y recordarán el gesto a futuro. Esto puede sonarte un poco a "ingeniería social" y tal vez lo veas como un detalle menor, pero esas pequeñas interacciones con tus nuevos compañeros realmente hacen una gran diferencia en tus relaciones a futuro.

En la rutina laboral, las personas desean sentirse conectadas, quieren saber que sus opiniones importan y que son apreciadas. Al demostrar genuino interés en los demás y al practicar el arte del *small talk*, puedes cultivar relaciones significativas y conseguir aliados en tu empresa. Establecer una conexión humana en un entorno laboral a menudo impersonal puede abrir puertas y, en última instancia, llevar a oportunidades profesionales inesperadas.

¿Trabajas de manera remota y no tienes una máquina de café donde cruzarte con tus compañeros? Aprovecha entonces los canales de comunicación virtuales para saludar, hacer un chiste, preguntar qué hicieron el fin de semana. Además, siempre hay tiempos muertos en las videollamadas antes de iniciar oficialmente una reunión. ¡No apagues la cámara! Muéstrate y anímate a interactuar con los demás. Vas a ver cómo los buenos vínculos transforman el ambiente laboral en uno más amistoso y comunicativo.

Elogiar a las personas a sus espaldas

En la serie *The Office*, en cierto momento, Michael (el personaje del jefe) dice lo siguiente sobre Pam (una empleada de la oficina): "Nunca lo diría en su cara, pero es una persona maravillosa y una artista talentosa". Aunque en la serie Michael sea un jefe terrible, tiene momentos de mucha claridad. Uno de ellos es este "halago a escondidas": palabras de elogio que, al ser dichas a las espaldas del destinatario, no buscan ganar su favor y, justamente por eso, resultan más sinceras.

No hay nada que destruya la confianza más rápido que descubrir que alguien habla mal de ti a tus espaldas. Por otro lado, no hay nada más gratificante que enterarse de que alguien está elogiándote a tus espaldas. Esto se percibe como la forma más auténtica de halago.

En lugar de murmurar críticas, opta por compartir elogios sinceros cuando la persona no esté presente. La honestidad en tus palabras se sentirá genuina, creando un ambiente de confianza y aprecio mutuo en el trabajo. Recuerda, una palabra amable tiene el poder de construir relaciones sólidas sobre las que sostenerte.

Vencer la timidez siendo introvertido

¿Sabías que entre el 25% y el 40% de la población se considera introvertida? Existe cierta confusión sobre lo que implica ser introvertido y muchas veces se confunde con ser una persona tímida. Pero eso no es necesariamente cierto.

En el siguiente diagrama de Venn podemos observar las diferencias entre ser introvertido y tímido:

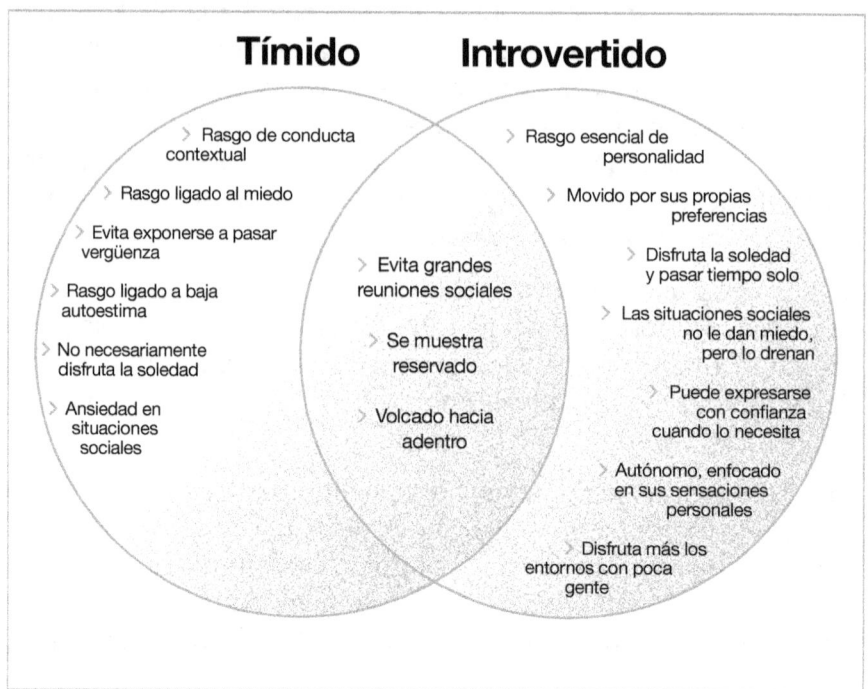

Tímido — Introvertido

Tímido
- Rasgo de conducta contextual
- Rasgo ligado al miedo
- Evita exponerse a pasar vergüenza
- Rasgo ligado a baja autoestima
- No necesariamente disfruta la soledad
- Ansiedad en situaciones sociales

(intersección)
- Evita grandes reuniones sociales
- Se muestra reservado
- Volcado hacia adentro

Introvertido
- Rasgo esencial de personalidad
- Movido por sus propias preferencias
- Disfruta la soledad y pasar tiempo solo
- Las situaciones sociales no le dan miedo, pero lo drenan
- Puede expresarse con confianza cuando lo necesita
- Autónomo, enfocado en sus sensaciones personales
- Disfruta más los entornos con poca gente

La introversión es un rasgo de personalidad que suele permanecer estable con el tiempo. Por otro lado, la timidez es un comportamiento basado en el miedo al juicio de los demás, y depende más de tu percepción del entorno que de quién eres fundamentalmente. Y, lo más importante, la timidez se puede superar.

Yo solía ser una persona muy tímida, y mi timidez era una expresión de mi inseguridad en aquel momento. Un día, estaba en una reunión de un equipo deportivo que ayudaba a administrar, y estábamos discutiendo un tema que era muy importante para mí y sobre el cual tenía opiniones firmes. Sin embargo, en lugar de expresar mi opinión, simplemente me la guardaba. Obviamente, esto no ayudaba a nadie. En un momento dado, uno de los miembros más senior de la junta, una gran persona y un gran líder, se dio cuenta y me preguntó, en privado: "¿Tienes algo que decir?". Cuando le dije que sí, él simplemente respondió: "Entonces, deberías hablar". Interrumpió la charla en curso y les pidió a todos que me escucharan. Me enseñó que mi único obstáculo para opinar era yo mismo. Y desde entonces, nunca dejé de expresarme.

Como consultor, ser introvertido no es necesariamente una mala cualidad, al contrario: necesitas estar enfocado en ti mismo para idear tus mejores soluciones y resolver problemas por tu cuenta. Sin embargo, tendrás que superar tu timidez. Asume que eres el protagonista de la película, porque, de alguna manera…, lo eres.

Para la mayoría de los clientes, trabajar con consultores es una experiencia emocionante que los saca de su aburrida rutina laboral y les otorga cierto estatus en su lugar de trabajo. Hazte cargo de tu rol y aprovéchalo para hacerlos brillar: usa tu presencia para hacer que alguien se sienta seguro y visible. Puedes hacer una pregunta para que se luzca esa persona que nunca participa o simplemente cede el espacio a aquel que veas que no se anima a opinar. De esta forma, el cliente o compañero al que le des voz valorará que "el jugador estrella te hizo un pase".

Consejos para una comunicación eficaz

¿Te ha pasado de saltar de reunión en reunión sin lograr avanzar en nada concreto? No todas las discusiones suelen resultar útiles, en especial si quien las lidera no sabe guiarlas en la dirección correcta ni ir al grano cuando hace falta.

Para evitar eso, además de animarte a levantar la mano y alzar la voz, también es importante que aprendas a ser directo y claro para tener reuniones productivas.

Te daré algunos consejos para moderar reuniones eficaces, donde se aproveche al máximo el tiempo de todos:

- **Organiza la reunión con un temario y fines claros** (no desdobles la discusión en múltiples reuniones que no lleven a soluciones).

- **Resume tus pensamientos de manera comprensible** para los demás. Ordena tus ideas en una estructura lógica, desde lo general hasta lo particular, desde el contexto hasta el problema. Evita simplemente hablar sin hilo alguno. Para esto, sirve tener notas previas como guía.

- **Llévate accionables concretos de la reunión**. Es clave que los debates lleven a soluciones efectivas. Si ves que se acerca el fin de la reunión sin conclusiones claras, intenta guiar la conversación a un cierre para obtener definiciones antes de terminar.

Estas acciones te van a ayudar a organizar tus esfuerzos para poder comunicar mejor tus ideas. Es importante recordar que no importa solo lo que dices, sino cómo lo dices. Por eso, la claridad y la organización son las mejores cualidades que puedes adquirir para dominar cualquier discusión.

Leer a tu audiencia

Poca gente llega al límite de Michael Scott en "Diversity Day" (y, si no sabes de qué estoy hablando, te recomiendo ya mismo ir a ver ese episodio de *The Office*), pero muchas veces podemos dar pasos en falso al trabajar con personas de diferentes trasfondos..., incluso si tienes las mejores intenciones. Esto puede pasarte con gente de otros países, pero también con tus propios compatriotas. Incluso dentro de las fronteras de una misma nación, nos encontramos con una asombrosa variedad de tradiciones, valores y formas de trabajar.

La clave para adaptarte a cada entorno es soltar tus expectativas y prejuicios. No todas las personas encajan en los moldes a los que estamos acostumbrados. En este sentido, es fundamental evitar la trampa del exceso de confianza y la precipitación a la hora de entablar una conversación con un cliente o manager. Nunca puedes estar seguro de que algo de lo que digas en broma no será recibido como un insulto por tu interlocutor. ¡Y lo último que quieres es que tu cliente te considere ofensivo!

Déjame compartirte una anécdota que ilustra bien cuán delicado puede ser este **desequilibrio entre buenas intenciones y malos**

resultados. Hace un tiempo, un conocido estaba en una primera reunión con un cliente nuevo. A la hora de presentarse, el cliente comentó como dato simpático que se llamaba Ignacio, pero que todos lo llamaban Nacho. La única que lo llamaba Ignacio, explicó el cliente, era su madre, y solo cuando lo retaba. La reunión continuó y, en un momento, el cliente hizo una pregunta a la *project manager* que lideraba la reunión. Se dio el caso de que esa duda ya había sido respondida en un mail previo a la reunión. La *project manager*, en un intento de hacer un chiste, le respondió como si lo retara: "¡Ignacio! ¿Acaso no leíste mi último mail?". Sin embargo, su humor no provocó ninguna risa... El cliente no entendió su intención y quedó incómodo y levemente ofendido: ¿por qué la *project manager* usaba ese tono e insistía en llamarlo "Ignacio" a pesar de su pedido?

Como verás, cada situación tiene sus sutilezas. No todas las personas se expresan de la misma forma que nosotros ni se ríen de lo mismo. Por eso, es probable (sobre todo si no conocemos bien a la otra persona) que tropecemos con obstáculos inesperados si intentamos entrar en confianza anticipadamente. En lugar de apresurarse, es esencial tomarse el tiempo para comprender y adaptarse a cada persona. O, si esto no es posible, respetar una distancia amable, pero correcta. Al hacerlo, evitas las caídas en falso y posibles momentos de incomodidad, como el que vivió la *project manager* con Ignacio, o mejor dicho, con Nacho.

Hazte amigo del mundo IT

"En casa de herrero, cuchillo de palo", dice el dicho. Pero ¿realmente confiarías en un tipo de herrero así?

Una regla de oro para cualquier trabajo es conocer bien tu oficio. Mostrar un interés sincero en lo que haces no solo te permite conocer lo último en el rubro, sino que también te conecta con tus colegas y clientes.

En este apartado, veremos cómo mostrar un interés genuino en tu industria y volverte un nerd en tu campo, en el mejor sentido de la palabra.

Conoce el *lore* de tu industria

No te limites a cumplir con tus tareas: ¡sumérgete de lleno en el mundo de la tecnología! Tu objetivo debe ser convertirte en un nerd. Cultiva una obsesión por los detalles y datos de color sobre las herramientas y los softwares que manejas.

Es esencial conocer el *lore* de tu industria. El *lore* se refiere al conjunto de conocimientos y tradiciones que rodean a un mundo particular. En este caso, el de la tecnología. Cada herramienta con la que trabajas tiene su historia y evolución a lo largo del tiempo, sus grandes mitos y secretos. Volverte un experto en ellos te permitirá convertirte en una autoridad sobre el tema y ganarte la confianza de tus clientes y colegas.

Para esto, busca libros o publicaciones sobre la tecnología con la que trabajas. ¡También sirven los blogs y foros de consultas! Suele haber mucho material disponible online para interiorizarte en el tema. Es útil poder añadir a las discusiones comentarios como "He escuchado rumores de que esta nueva característica será un punto clave en la próxima actualización", lo cual puede enriquecer y dar profundidad a las conversaciones.

La confianza como moneda de influencia

¿Recuerdas esos juicios que aparecen en las películas, donde el fiscal analiza cada detalle del acusado con un ojo meticuloso? Bueno, cuando eres consultor, tu comportamiento está bajo la lupa, y debe ser intachable. Un pequeño descuido puede arruinar tu reputación.

La ética no es simplemente un atributo que es bueno tener; es algo central en tu carrera. La buena ética, sostenida en el tiempo, es la que te ganará la confianza de tus clientes. Y la confianza es el activo más valioso que puedes poseer. Es la moneda con la que adquieres influencia, construyes alianzas sólidas y solidificas tu reputación.

Para ganarte la confianza de otros hacen falta tanto palabras como acciones: no solo es importante afirmar ser el mejor (aunque es bueno que todos lo sepan), sino también serlo.

Henry Ford solía decir: "No puedes construir una reputación con lo que vas a hacer". Y es cierto. La confianza se construye cumpliendo tus promesas. Puedes ser simpático, elogiar a la gente, ser el rey de la *small talk*, pero si la gente duda de tus habilidades o intenciones, estás arruinado.

A continuación, veremos de qué maneras puedes ganarte la confianza de tus compañeros y clientes.

El arte de dar

Los gestos de solidaridad con otros compañeros de trabajo no solo te ganan una reputación de integridad, sino también aliados. Siempre que puedas, tómate el tiempo de hacer un favor a otro. Puede ser un detalle menor, pero urgente. Si ves a un colega que se encuentra en aprietos y no puede llegar a tiempo a una reunión importante, dale una mano y ofrécete a moderar la charla o a tomar notas. Por ejemplo, en una ocasión, pude ayudar a un colega en algo muy menor, que probablemente nadie notó excepto él. Era su primera llamada con un cliente y le tocaba compartir su pantalla en la reunión. Se le notaba muy nervioso, ya que era su primera experiencia cara a cara con el cliente. A medida que avanzábamos en la llamada, me di cuenta de que la batería de su computadora estaba a punto de agotarse. Entonces, me levanté y fui a buscar su cargador en su escritorio, regresé y lo enchufé. Pude ver el alivio en su rostro. A veces, no se necesita mucho, pero si es sincero y transmite el mensaje "estoy aquí para ayudarte", será notado.

Hay situaciones más complejas, donde deberás evaluar el costo de ese favor. Por ejemplo, cuando estás en un proyecto que falla por error de un compañero y no tuyo, ¿quién debe cargar con la culpa? Aunque sea riesgoso que te asocien con un fracaso, asumir la responsabilidad por una falla del equipo también demuestra un espíritu de responsabilidad. Prueba que eres capaz de responsabilizarte por tus acciones y las de tus compañeros. Esta actitud puede mostrar que tienes madera de "supervisor" nato. Además, ganarás para siempre la alianza de los compañeros que efectivamente cometieron el error y a quienes salvaste.

Las redes de apoyo son fundamentales: cada mano que ayudas a levantar puede, en última instancia, ayudarte a ti a alcanzar nuevas alturas. Ayudar a otros en un momento difícil no solo crea alianzas, sino que también te muestra como un pilar para otros y como alguien listo para tomar mayores responsabilidades.

El rol terapéutico

Está probado que aquellas personas en las que más confiamos y con quienes más nos abrimos son aquellas que cuidan de nuestra salud. Valoramos a nuestros doctores y psicólogos porque damos por hecho que buscan nuestro bienestar. Y, en nuestros diálogos con ellos, nos hace bien escuchar su tono tranquilizador y paciente.

Ese tono es el que deberías adoptar con tus clientes y colegas para ser una figura terapéutica para ellos. Tus palabras deben expresar: "Estoy aquí para ayudarte". Aprende a escuchar como un médico escucha a un paciente: practica la empatía y muestra interés genuino en sus preocupaciones y necesidades.

Cuando te comunicas con empatía y cuidado, no solo estás creando un ambiente de confianza, sino también mostrando a los demás que valoras sus pensamientos y emociones. La confianza en un consultor es esencial para que sus opiniones sean tomadas con seguridad. Si un cliente considera que su consultor lo conoce bien y protege sus intereses, se volverá un aliado fiel a la hora de recomendarlo e impulsarlo.

La discreción, un activo importante

Frente a un consultor, el cliente se expone al desnudo: conocemos sus números, sus problemas y sus trapos sucios. Claramente es una preocupación para los clientes compartir esa información con una empresa y empleados que no conocen de cerca. Si no confían 100% en su consultor, será difícil que sean sinceros y transparentes con él. Por eso, es esencial demostrar que eres una persona con una ética intachable, y el mejor de los confidentes.

A veces, pequeños detalles, como asegurarte de no mostrar nada que no debes cuando compartes tu pantalla, marcan la diferencia. Parece algo menor, pero no sería la primera vez que un cliente se resiente al ver un documento sensible en una llamada. Una vez, un colega mío compartió su pantalla, y una de las pestañas mostraba un artículo sobre cómo "abrir un caso legal contra tu empleador". De más está decir que esa reunión no salió del todo bien…

Otro buen consejo: desactiva todas las notificaciones durante las reuniones, siempre. Si estás en reunión con la empresa ABC, nunca sabes si algún compañero puede escribirte por Slack bromeando: "Pobrecito, dos horas con la Empresa ABC", justo cuando estás compartiendo pantalla con su director. Zoom, Google Meet y otras herramientas de videoconferencia tienen una excelente función que permite elegir si mostrar toda la pantalla o solo una pestaña específica. Siempre que puedas, usa esta opción para evitar pasar momentos incómodos.

Otro consejo importante es ser honesto y coherente en tu trabajo: no falsees tus horas laborales y no hables de tus otros clientes. Tus clientes quieren saber que cuentan con toda tu atención y tiempo. No quieren descubrir que registras más horas de las que trabajas realmente, ni tampoco escuchar hablar de tus otros clientes (que incluso pueden llegar a ser competidores). No te muestres holgazán, ni hables de tus ex: haz que cada cliente se sienta especial.

Recuerda, la ética no es simplemente un conjunto de reglas: es una filosofía de trabajo que define quién eres como consultor. La integridad y el respeto por la confidencialidad son aspectos que te vuelven confiable. Y si confían en ti, tus clientes estarán dispuestos a poner sus empresas en tus manos.

Negociar como un jefe

En el mundo empresarial, saber negociar es un arte invaluable. Entender cómo hablar por ti mismo, cómo presentar tus logros y, lo más importante, cómo convencer a otros de lo que vales, son habilidades fundamentales para avanzar en tu carrera.

Negociar no se trata simplemente de pedir más dinero o un mejor título. Se trata de presentar tu caso de manera convincente y segura: expresar cómo tus contribuciones han llevado a la empresa hacia adelante y por qué recompensarte de manera acorde e invertir en ti está en los intereses de la compañía. Al final del día, la negociación efectiva puede ser la clave que abre puertas y te lleva a nuevos horizontes.

Es importante no solo saber qué decir, sino entender el contexto, leer las señales y presentar tu caso de manera que haga que tu jefe te responda con un "sí" rotundo. Para esto, debes descubrir cómo negociar con la confianza no de un empleado, sino de un jefe.

El *timing* es todo

Cuando eras pequeño, probablemente tenías estudiado con precisión aquellos momentos perfectos para pedirle a tus padres un favor. No ibas a pedirle un juguete nuevo cuando los veías estresados o distraídos, sino cuando sabías que tenían el buen humor y el dinero para comprártelo. Pedirlo en otro momento podía significar respuestas como "Mañana vemos", "Lo hablamos más tarde" o directamente un "no" rotundo.

Lo mismo pasa cuando quieres pedir una promoción o un aumento en tu trabajo. Las revisiones de desempeño son momentos cruciales para hacer estos planteos, cuando está el presupuesto y el tiempo para discutirlo.

Las promociones y aumentos dentro de una empresa suelen seguir un calendario específico. Debes conocer estas etapas y cuándo hacerle saber a tu jefe lo que buscas. En Estados Unidos, por ejemplo, las revisiones de presupuesto suelen hacerse en el

Q4, hacia el final del año fiscal, para obtener definiciones para el Q1 del año siguiente. Asegúrate de discutir tus expectativas salariales antes de que se cierren las decisiones presupuestarias, porque esto puede colocarte en una posición de ventaja al negociar.

Establece y cumple con metas concretas

Nada prueba mejor un caso que remitirse a la evidencia. Para medir tu progreso en las revisiones de desempeño, las empresas suelen recurrir a resultados concretos. Por eso, debes asegurarte de tener algo para mostrar.

Es importante plantear al inicio de cada período una serie de accionables concretos que puedas realizar en el corto plazo: tus *Key Performance Indicators* (KPIs). Tus KPIs pueden involucrar, por ejemplo, *feedback* positivo, contribuciones internas o la obtención de nuevos clientes. Asegúrate de hacerles un seguimiento mes a mes a tus KPIs, porque serán la prueba tangible de tu contribución a la empresa.

Otra forma de demostrar resultados concretos es exhibir las capacitaciones que has obtenido en el último tiempo, tu puntuación en evaluaciones, tus horas de trabajo para cada proyecto y el *feedback* positivo de tus clientes. Recopila todo lo que sume como argumento a tu favor: es mejor aburrir a tu jefe con una exposición demasiado larga que tener pocos resultados que te respalden.

Para organizarte, puedes utilizar alguna herramienta de seguimiento de proyectos y logros, para documentar tus éxitos, los proyectos en los que has trabajado y los elogios que has recibido de los clientes. Así, cuando llegue el momento de la revisión de desempeño, tendrás datos concretos y logros específicos que respaldarán tus solicitudes de aumento salarial.

Cómo presentar tu caso

¿Se acerca una revisión de desempeño y cumpliste con todos tus

KPIs? ¡Es hora de defender tu presentación!

Una vez que ya cuentes con logros para mostrar y que hayas analizado tu situación y necesidades, el siguiente paso es hacer un *benchmark* de tu rol en el mercado. Es bueno saber a qué posiciones aspirar con tu experiencia y qué sueldos se suelen pagar por esas responsabilidades.

Realiza una investigación de mercado utilizando herramientas como Glassdoor y Robert Half, o encuentra reclutadores de tu área y guías salariales con información sobre las firmas que te interesen. Estos recursos te proporcionarán datos clave sobre los salarios en tu industria.

Una vez que ya tienes en claro tus expectativas salariales y un rango determinado (donde tu objetivo real esté en el mínimo de lo que pidas), recuerda destacar tus logros mediante resúmenes de proyectos y testimonios de clientes. Estos son tus mejores aliados para mostrar cómo tus habilidades y contribuciones han impactado positivamente en la empresa y sus clientes.

¡Ya casi tienes todo listo! Solo queda la parte más dura: sentarse a negociar. Si sientes que te cuesta poner en palabras tu pedido o no sabes bien qué decir para romper el hielo, no te preocupes. Puedes tomar prestadas algunas técnicas del libro *Never Split the Difference*[1], que me han ayudado mucho en mi recorrido. A continuación, mencionaré algunas de ellas.

- **Auditar la acusación.** Anticipa cualquier preocupación que tu jefe pueda tener antes de que la exprese. Por ejemplo, empieza diciendo: "Sé que el presupuesto para el próximo año es limitado, lo que hace que cada decisión sea aún más difícil…", para luego desarmar ese argumento y explicar por qué aún así vale la pena darte ese aumento.

- **Comenzar con un 'no'.** Empieza planteando lo difícil de tu caso, para que te argumenten lo contrario y así abrir la discusión sobre tus expectativas. Podrías preguntar: '¿Crees que sería ridículo pedir un aumento del 20% después de solo un año de arduo trabajo aquí?'. La idea es que tu jefe diría 'no', lo que lo

---

[1] Chris Voss & Tahl Raz (2016). Never Split the Difference: Negotiating As If Your Life Depended On It. Harper Business.

condicionaría a comenzar a defender el caso de que en realidad es una petición razonable.

- **Utiliza la regla del 11%.** Cuando hagas una contraoferta, pide un 11% más de lo que se ofrece inicialmente y evita los números redondos. Por ejemplo, en lugar de pedir $90,000, solicita $90,550. Y si tu jefe te ofrece $80.000, no temas pedirle una contraoferta de $88.800. Esto da la impresión de que has realizado una investigación detallada y tienes una cifra específica en mente.

- **El "pedido en broma".** Menciona tu futura promoción como si fuera en broma, de manera que puedas insistir en el tema sutilmente. Por ejemplo, si te preguntan si tienes tiempo para una nueva tarea, podrías responder con un tono ligero: "Lo que sea que me acerque a ese aumento, ¡ja, ja!". O habla casualmente a lo largo del año sobre las cosas que comprarías con tu aumento, de manera que la idea esté siempre presente, aunque sea en tono relajado y en broma.

Recuerda, no se trata de ser arrogante, sino de mostrar confianza en tus habilidades y ambiciones de manera positiva y auténtica. Presentar tu caso con confianza y preparación puede marcar toda la diferencia.

Lidiando con crisis

La importancia de delegar: el operador de emergencias

La importancia de saber delegar en el mundo de la consultoría es equiparable a la función de un operador de emergencias que recibe y gestiona las llamadas de emergencia que llegan al 911 y asigna los recursos que hagan falta para manejar situaciones de crisis. Sin esos otros recursos (médicos, policías, bomberos), el operador no podría hacer nada.

Incluso los mejores consultores necesitan un equipo a su alrededor para obtener los mejores resultados. Aprender a delegar es fundamental, aunque a veces puede resultar difícil. En ocasiones, pensamos: "Oh, hacer la tarea me llevaría 15 minutos, pero explicarla me llevará 30 minutos". Aunque esto sea cierto, la acumulación de tareas te abrumará rápidamente. Imagina a un chef intentando cocinar seis platos a la vez, pelar doce tipos diferentes de verduras y limpiar la cocina simultáneamente. Sería un caos.

Lo que necesitas hacer es, primero, identificar qué tareas puedes delegar. En general, son las tareas más simples que, aunque no sean complicadas, consumen mucho tiempo y tienden a repetirse. En segundo lugar, identifica a quién puedes delegar estas tareas. Aquí, la calidad supera a la cantidad. Es mejor confiar en un pequeño número de personas de confianza, generalmente de 1 a 5. Por ejemplo, yo suelo tener un desarrollador de confianza para cada tipo de tarea que necesito consultar, y sé que puedo contar con ellos cuando los necesito. De esta manera, puedes estar seguro de que las tareas se realizarán de manera eficiente y a tiempo, lo que te permitirá concentrarte en las responsabilidades que realmente requieren tu experiencia y habilidades únicas.

Como el operador de emergencias que dirige las llamadas al personal adecuado, saber delegar te permite manejar crisis de manera efectiva y mantener el flujo de trabajo sin problemas.

Cómo delegar con éxito

Como dijimos antes, delegar es algo esencial y necesario. Para delegar correctamente, es esencial respetar la cadena de mando. Debes saber a quién contactar para cada tarea o consulta, ya sea compañeros, el líder del proyecto o distintas áreas de la empresa.

Es crucial conocer los canales adecuados de consulta y también el formato correcto para plantear tus pedidos y dudas. Si tu equipo tiene reuniones diarias de seguimiento, úsalas. Si no las tiene, comunícate con tu *project manager* y ya ten en mente a la persona adecuada para contactar (como dijimos antes, tu manager apreciará que ya vengas con una solución y que hayas hecho las averiguaciones previas para delegar la pregunta rápidamente). Por ejemplo, si una tarea requiere la mirada de otro consultor, intenta identificar quién podría ayudarte con eso, averigua si esa persona tiene disponibilidad para darte una mano y, recién entonces, pregúntale a tu manager si considera que pueden derivar el pedido.

Para enmarcar las peticiones de manera adecuada, recomiendo tener un método preferido que utilices regularmente y que estructure tu consulta. De esta forma, la información queda estructurada de manera clara y es más fácil obtener una respuesta concreta y rápida. Además, ayuda a mejorar tu imagen profesional, al mostrarte como alguien organizado y metódico. Personalmente, yo suelo usar mi método NORD (o NORP en español), puedes incorporarlo y adaptarlo según tus preferencias:

- **Necesidad (*need*)**. Escribe qué necesitas en tu pedido, intenta ser conciso y claro. Por ejemplo: "Necesito cargar los datos de los clientes en el sistema".

- **Objetivo (*outcome needed*)**. Escribe cuál es el objetivo de tu pedido, qué busca lograr. Por ejemplo: "Que estén todos los clientes cargados en el sistema con un informe de validación".

- **Razón (*reason*)**. Es una tarea de urgencia y necesito una mano extra.

- **Plazo (*deadline*)**. Antes del final del día de mañana.

Recuerda, la claridad y la empatía son clave al delegar tareas. Al comunicar tus necesidades de manera precisa y respetuosa, facilitas el proceso para todos y, lo más importante, evitas perder el tiempo en tareas muy específicas o administrativas.

3. Arribar a buen puerto

3: Arribar a buen puerto

Punto de control

Ya llegaste muy lejos y se acerca tu meta de dos años. ¡Es hora de ir preparando tu desembarco como consultor senior! Para asegurarte de que llegues en buen estado a estas nuevas orillas, es clave que tengas en claro tu estrategia de salida.

Pero antes, veamos si cumpliste con todos los pasos previos.

Para prepararte para tu estrategia de salida, necesitas cumplir con ciertas condiciones. Algunas dependen directamente de ti y en otras, como conseguir un aumento o asignaciones a proyectos relevantes, intervienen otros actores. Pero si seguiste los consejos que te compartí en la parte 2, vas a ver que se cumplirán en poco tiempo y estarás preparado para esta última etapa.

Armé la siguiente lista para verificar que has cumplido con los pasos previos del proceso. Y si descubres que todavía no estás ahí, ¡no te preocupes! Puedes revisar el capítulo anterior y ver en qué puntos hacer hincapié.

Checklist de los primeros 18 meses

Ya conociste esta *checklist* en tu primer punto de control a los 6 meses. Ahora, toca revisar los objetivos que cumpliste desde entonces hasta los primeros 18 meses de carrera.

Para pasar a tu siguiente etapa como consultor, lo ideal es que en este último año hayas sumado un mínimo de 85 puntos para estar bien encaminado para alcanzar tu estrategia de salida:

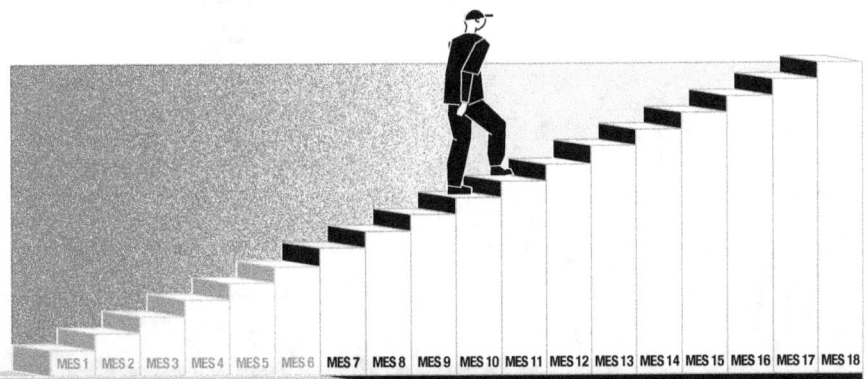

	7mo a 18vo mes
Colaborador rápido	**15 puntos:** Obtener un promedio de horas facturadas de +85%. **10 puntos:** Obtener un promedio de horas facturadas de 70-84%
Feedback positivo	**5 puntos** por cada feedback obtenido de compañeros de trabajo o clientes.
Certificaciones	**10 puntos** por cada certificación obtenida.
Conocimiento compartido y mejoras continuas	**15 puntos** por cada mejora de procesos aprobada e implementada en algún proyecto. **10 puntos** por cada mejora de procesos aprobada, pero no implementada aún. **5 puntos** por cada sesión de intercambio de conocimiento que des.
Representación de la compañía	**10 puntos** por cada conferencia, webinar o evento en el que participes representando a la empresa.
Liderazgo en proyectos comunes	**15 puntos** por cada proyecto o flujo de trabajo grande que lideres. **10 puntos** por cada proyecto o flujo de trabajo mediano que lideres. **5 puntos** por cada proyecto o flujo de trabajo regular que lideres.

MES 1 | MES 2 | MES 3 | MES 4 | MES 5 | MES 6 | MES 7 | MES 8 | MES 9 | MES 10 | MES 11 | MES 12 | MES 13 | MES 14 | MES 15 | MES 16 | MES 17 | MES 18

	7mo a 18vo mes
Liderazgo en proyectos críticos	***15 puntos*** por cada proyecto o flujo de trabajo grande que hayas rescatado en un momento crítico. ***10 puntos*** por cada proyecto o flujo de trabajo mediano o pequeño que hayas rescatado en un momento crítico.
Referencias y nuevos negocios	***10 puntos*** por traer a la compañía por lo menos un 50% de tu salario anual en nuevas oportunidades de negocios. ***5 puntos*** por cada oportunidad de cambio o de venta adicional que hayas identificado con éxito.
Facturación y negociación	***15 puntos*** si tu facturación fue mayor al doble que tu salario del último año. ***10 puntos*** si tu facturación fue 1.5 veces mayor a tu salario del último año. ***5 puntos*** si utilizaste el método de "pedido en broma", de la sección "Negociar como un jefe", para pedir un aumento o promoción.

¿Ya has medido tu progreso? Veamos cómo te ha ido...

+85 puntos - "Sobresaliente":

Si alcanzaste los 85 puntos o más en este último, ¡felicitaciones, estás preparado para lo que sigue! Te destacas entre tus colegas por contribuir constantemente con negocios nuevos, mejorar los procesos y sacar adelante hasta los proyectos más complicados. Además, no dudas en compartir tus conocimientos con otros y tomar la iniciativa de representar a tu compañía de la mejor manera. ¡Estás listo para encaminarte a tu estrategia de salida!

70 - 84 puntos - "Por buen camino":

Si obtuviste entre 70 y 84 puntos, tuviste una buena racha el último año. Hay lugar para mejorar y destacarte, pero ya te conocen como un colaborador confiable y trabajador, que muestra responsabilidad al liderar proyectos e iniciativas. Para posicionarte aún mejor frente a tu estrategia de salida, intenta sumar puntos mediante alguno de los logros que tengas pendientes: busca oportunidades de negocio nuevas, ponte al hombre un proyecto en crisis o consigue más *feedbacks* positivos de los clientes.

-70 puntos: "Espacio para mejorar"

Si te encuentras con una puntuación de menos de 70 puntos en este punto, es hora de pisar el acelerador o analizar mejor tu situación actual. ¿Tienes posibilidades de destacarte en tu compañía actual? Entonces, aprovéchalas. Alza la mano cuando surjan tareas con proyectos críticos o clientes importantes. Puedes también ofrecerte a dar charlas, conferencias o capacitaciones. Es importante que en este último tramo tengas oportunidades de destacarte. Si ves que en tu empresa actual no encuentras un espacio para hacerlo, no tengas miedo de buscar nuevas oportunidades en vez de quedarte estancado. Repasa el último capítulo y analiza qué acción puedes tomar para ganar puntos en tu trabajo.

Cómo hablar con autoridad sin sonar arrogante

¿Listo para continuar? ¡Preparemos el desembarco!

Ya mediste tus logros y sabes que eres un consultor estrella. Esa confianza es clave para presentarte al mundo: la gente confía en aquellas personas que irradian seguridad. Pero siempre hay que tener en vista esa delgada línea que separa seguridad de arrogancia.

Una de las habilidades más importantes para poder fortalecer tu imagen como persona de confianza es poder hablar desde un lugar de autoridad sin sonar condescendiente. A nadie le gusta una persona soberbia, y el tono en el que das tus opiniones es clave para evitar que tus compañeros terminen odiándote. Aunque todos quieren el consejo de un experto, nadie tolera a un sabelotodo.

En lugar de adoptar una postura teórica y pedante (reconozco que soy un pedante en recuperación), es crucial compartir experiencias reales y prácticas. Los recién graduados tienden a hablar con palabras grandilocuentes y citar autores y textos reconocidos. Pero un asesor pragmático, con años en el campo, se destaca sin necesidad de presumir, por su experiencia misma.

Permíteme contarte una anécdota ilustrativa. Aproximadamente dos años después de iniciar mi carrera, me encontraba en una reunión con un cliente y un consultor más experimentado, que tenía un estilo de comunicación excelente. Estábamos revisando los segmentos financieros que el cliente proponía utilizar en el sistema para mostrar las ganancias por país, canal de ventas, etc. En esta reunión, el cliente nos proporcionó su lista de líneas de productos, que incluía elementos como: Herramientas; Servicios, Piezas y Accesorios; Programas de Capacitación y Certificación; Clientes Individuales; Clientes Industriales; Clientes Comerciales; Clientes Americanos; Clientes No Americanos. Obviamente, esta lista no tenía sentido. Mezclaba líneas de productos con categorías de clientes. Comencé a tratar de explicar esto al cliente, pero él no terminaba de captar mi mensaje, cargado de palabras grandilocuentes y frases largas. Después de unos minutos de ida y vuelta sin éxito, el consultor más experimentado me interrumpió y simplemente dijo: "Esos segmentos no tienen el mismo criterio. Necesitamos que sean del mismo tipo". Y ahí el cliente entendió enseguida. Este ejemplo demuestra que, a veces, todo lo que necesitas es ser breve y conciso para poder comunicarte mejor.

¿Te cuesta adoptar el tono correcto para dar tu opinión? Veamos algunos ejemplos que ilustran la diferencia entre palabras vacías y comentarios que realmente se basan en la experiencia.

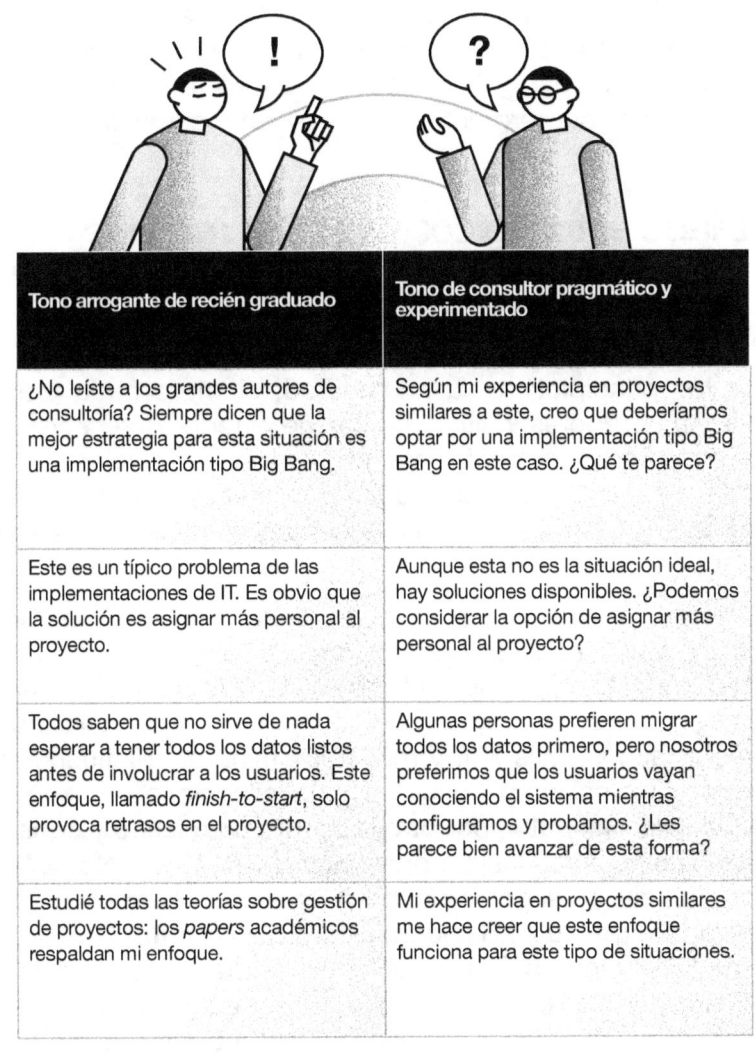

Tono arrogante de recién graduado	Tono de consultor pragmático y experimentado
¿No leíste a los grandes autores de consultoría? Siempre dicen que la mejor estrategia para esta situación es una implementación tipo Big Bang.	Según mi experiencia en proyectos similares a este, creo que deberíamos optar por una implementación tipo Big Bang en este caso. ¿Qué te parece?
Este es un típico problema de las implementaciones de IT. Es obvio que la solución es asignar más personal al proyecto.	Aunque esta no es la situación ideal, hay soluciones disponibles. ¿Podemos considerar la opción de asignar más personal al proyecto?
Todos saben que no sirve de nada esperar a tener todos los datos listos antes de involucrar a los usuarios. Este enfoque, llamado *finish-to-start*, solo provoca retrasos en el proyecto.	Algunas personas prefieren migrar todos los datos primero, pero nosotros preferimos que los usuarios vayan conociendo el sistema mientras configuramos y probamos. ¿Les parece bien avanzar de esta forma?
Estudié todas las teorías sobre gestión de proyectos: los *papers* académicos respaldan mi enfoque.	Mi experiencia en proyectos similares me hace creer que este enfoque funciona para este tipo de situaciones.

Al hablar desde un punto de vista teórico, evita mencionar la teoría específica. No suenes como un estudiante de primer año que acaba de aprender un nuevo concepto favorito. En su lugar, utiliza un enfoque práctico. Siempre es mejor decir: "Algunas personas prefieren..." en lugar de hablar con un lenguaje teórico complejo. Esto te permite compartir conocimientos valiosos sin sonar como un snob.

Además, muestra un interés genuino en el tema durante la conversación. Escucha en profundidad lo que te dicen en vez de estar pensando qué puedes responder para sonar inteligente. Demostrar curiosidad y hacer preguntas no te hace ver menos informado, sino comprometido con ese tema específico.

Un aliado estratégico: tu *project manager*

¿De dónde viene el rol del consultor? ¿Podemos pensar en roles similares a lo largo de la historia?

Desde los principios de la humanidad, siempre hubo grandes líderes -emperadores, militares, jefes de estado- que necesitaron consejos para tomar decisiones en tiempos complejos. La gran mayoría de ellos contaban con una mano derecha, alguien experimentado en quien confiaban para obtener una segunda opinión.

Pensemos en figuras como el cardenal Richelieu o Grigori Rasputín, que maniobraban detrás de escena para ejercer influencia política en su entorno. Richelieu, aunque no se desempeñaba como rey, era el confidente más cercano del monarca francés, Luis XIII, y movía los hilos para influenciar las decisiones reales, como un arquitecto silencioso de la Francia del siglo XVII. Rasputín, por otro lado, era un místico y consejero del zar Nicolás II de Rusia a principios del siglo XX. No ocupaba un cargo oficial en el gobierno, pero tenía una conexión profunda con la familia real rusa. Sus consejos y predicciones ejercían una influencia tremenda sobre la zarina Alejandra y, a través de ella, sobre el zar y las decisiones imperiales. Las palabras de estos dos personajes históricos tenían un peso enorme sobre aquellos que tomaban las decisiones finales en cuestiones de importancia nacional. En cierta forma, podemos decir que ejercían un rol de "consultores", dando soluciones a sus confidentes.

¿Pero cómo es que estas personas ascendieron a un lugar de influencia? Podemos decir que lo que los impulsó fue justamente su cercanía con aquellos que estaban en el poder, que confiaban en ellos para guiarlos.

¿Cómo funciona esta dinámica de poder dentro de la consultoría? Aunque por fuera de la empresa suele reinar el cliente, quienes detentan el poder interno son siempre los project managers. Es importante saber esto, porque tu grado de influencia como consultor estará medido por tu cercanía a esta persona. El *project manager* está en un lugar de liderazgo que puede impulsar tu trayectoria profesional o, en el peor de los casos, frenarla. Para lograr un impacto significativo en tu trabajo deberás entender las necesidades de tu manager y traducirlas en acciones efectivas.

La clave es esta: piensa en tu *project manager* como tu cliente interno, el encargado de decidir quién hace qué y cuándo. Es quien tiene las llaves del auto elegante, y tú quieres estar en el asiento del conductor. Si tu *project manager* confía en ti, puede asegurarse de que te asignen a proyectos de gran visibilidad y con un éxito garantizado. Al llegar al tramo final de tus primeros dos años, lo último que deseas es un proyecto fallido que frene tu progreso.

Por eso, es esencial que te conviertas en el consultor al que acuden estos *project managers* para resolver problemas y ofrecer soluciones. Este vínculo es el boleto dorado hacia tu crecimiento profesional. Aprende a entender sus necesidades y expectativas, y sé proactivo en la búsqueda de oportunidades para poder contribuir.

¿Listo para volverte el confidente de tu *project manager*? A continuación, te daré algunos consejos para fortalecer esta relación.

No des problemas, resuélvelos

Si quieres que un *project manager* confíe en ti, ante todo, no le presentes problemas innecesarios. Los *project managers* miden el éxito de manera diferente y se estresan por cosas distintas de las que te estresan a ti. Realmente no les importa la solución en sí misma, sino que se preocupan por evitar problemas con el cliente. Quieren poder responder a cualquier pregunta sobre plazos y presupuesto, y dejar a tu cargo cualquier cuestión relacionada con la solución.

A veces es inevitable que surja un problema y que debas levantar la mano para avisarles. Pero si es así, intenta que sea lo antes posible y prepara de antemano una posible solución. Por ejemplo, si durante una llamada con un cliente te das cuenta que este se queja de que están excediendo el presupuesto, envía un mensaje a tu *project manager* diciendo: "Es posible que este cliente se comunique por un exceso de presupuesto. Podríamos recortar los costos si quitamos esta parte del proyecto. Pero también podríamos argumentar a favor de mantenerla diciendo lo siguiente...". De esta manera, justificas la asignación de recursos, pero le das opciones al *project manager* en el caso de que el cliente insista en recortar costos. Es importante lograr un equilibrio entre tus prioridades y las del *project manager*, que no siempre coinciden, como veremos a continuación.

Cuándo ceder y cuándo flexibilizarse

Hay algo inherentemente conflictivo en la relación entre consultores y *project managers*, que surge del choque entre dos perspectivas distintas. Como consultores, nuestro foco suele estar en la calidad y la experiencia del cliente, y no tanto en los recursos invertidos para obtenerla. Por otro lado, los project managers son responsables de cumplir estrictos plazos y presupuestos; se enfrentan a la presión constante de equilibrar recursos y costos sin comprometer la satisfacción del cliente.

Esta dinámica genera tensiones naturales: los consultores buscan la perfección en la entrega final, mientras que los project managers se esfuerzan por mantener el equilibrio entre tiempo, costo y calidad. Veamos en detalle en qué se diferencian estas dos perspectivas.

Variable	Perspectiva del consultor	Perspectiva del project manager
Tiempo	A veces hay que extender los plazos para un mejor resultado.	Hay que siempre respetar el tiempo y los plazos estrictos a cumplir.
Calidad	La calidad tiene prioridad y se refleja directamente en la experiencia y satisfacción del cliente.	La calidad es importante, pero siempre que respete los plazos y presupuestos definidos en el contrato.
Presupuesto	El presupuesto no es tan relevante a menos que afecte el alcance o la calidad del trabajo.	El presupuesto es prioridad, ya que hay que mantener los costos dentro de los números estimados.
Recursos	Hacen falta los mejores recursos para obtener el mejor resultado.	Hay que asignar los recursos eficientemente, incluso si eso significa comprometer la calidad.
Feedback del cliente	El *feedback* del cliente afecta directamente la reputación del consultor y sus trabajos futuros.	El *feedback* del cliente es importante, pero también lo son las restricciones del equipo y el presupuesto.
Alcance	Se puede expandir el alcance del proyecto (los contenidos y procesos que abarca) si significa una mayor satisfacción del cliente.	Es mejor mantener el proyecto dentro del alcance original para gestionar el tiempo y el presupuesto.

Es bueno saber cuándo afirmar tu experiencia y cuándo es crucial mantener una postura firme. En algunos casos, donde se ve comprometida la calidad del proyecto, o donde estás cerca del *burnout* por una mala asignación de tareas, sirve mantenerse firme. Veamos algunos ejemplos:

- Ejemplo 1: tu *project manager* quiere reducir los controles de calidad para cumplir con un plazo. Afirmas que esto creará riesgos que superan los beneficios y presionas para realizar por al menos las pruebas mínimas.

- Ejemplo 2: el proyecto se está encaminando en una dirección claramente contraria a las mejores prácticas. Presentas al *project manager* un caso respaldado por datos y recurres a tu experiencia para influir en la decisión.

- Ejemplo 3: estás constantemente sobrecargado de tareas. En lugar de aceptarlo y terminar agotado, hablas con tu *project manager* y propones un plan para redistribuir las tareas y así obtener mejores resultados.

También hay que saber comprender cuándo ceder por el bien mayor del proyecto o cuando tu lucha no vale la pena. A continuación, te doy algunos ejemplos de estos casos:

- Ejemplo 1: el *project manager* insiste en usar una herramienta específica que no te gusta, pero que es un estándar de la empresa. Cedes porque la disputa no vale la posible interrupción del flujo de trabajo.

- Ejemplo 2: dos tareas tienen igual importancia, pero solo puedes enfocarte en una. El *project manager* decide por ti. En lugar de resistir, respetas su voto final en la definición de prioridades.

- Ejemplo 3: tienes un pequeño desacuerdo con tu *project manager* sobre el cronograma del proyecto, pero tras evaluar el panorama general, encuentras que no afectará gravemente el resultado. Optas por ceder para mantener el proyecto en movimiento.

Recuerda: guarda tu energía para las discusiones que importan. Cuando juegas deportes, no es raro encontrarte con un técnico incompetente (o al menos uno cuya visión no compartas en absoluto). En esos casos, ¿cuál es la mejor manera de influir en ese técnico? ¿Decirle qué hacer desde el principio? No, obviamente no. Si haces eso, tu técnico puede ponerse a la defensiva, sintiendo que quieres ocupar su rol. Por otro lado, si permites que el técnico pruebe primero su enfoque, es más fácil luego poder sugerir mejoras en privado, como *feedback* constructivo. Por ejemplo, proponer cambios en algún jugador porque lo viste cansado en la cancha al final del partido. La clave para que escuchen tus consejos está en la forma en la que los das, sin desacreditar la autoridad del otro.

Si tu *project manager* está contento contigo, será más fácil que tenga en cuenta tu opinión para los temas que importan. Por eso, no gastes tu tiempo en pelear, enfócate siempre en las soluciones posibles.

Cómo hacer rendir tu tiempo libre

Todos necesitamos a veces un respiro, no voy a negarlo. Pero hay tiempos muertos que presentan oportunidades clave para destacarte. Así que... ¡aprovecha esas vacaciones y haz que trabajen a tu favor!

Si te encuentras en una empresa con negocios internacionales, habrá días en los que tu empresa esté trabajando mientras tus clientes están de descanso. Utiliza esos días tranquilos para enfocarte en proyectos personales o tareas que normalmente no tendrían prioridad. No hace falta que lo hagas solo, ¡invita a tus colegas a participar! Toma la iniciativa y sé una influencia positiva en la oficina, esa que moviliza a otros a seguir aprendiendo contigo.

Si estás estudiando para obtener una certificación, puedes organizar un grupo de estudio con tus colegas. Esto te hará destacar y los managers de tus colegas te conocerán de manera positiva. Es bueno que tu nombre circule por otros sectores y que esté en boca de los líderes como alguien que nunca se queda quieto.

Si estás intentando aprender una nueva habilidad o funcionalidad, aprovecha ese tiempo libre para crear algo concreto que puedas compartir. Por ejemplo, confecciona una guía de estudio, un instructivo de alguna *feature* nueva, una sesión de intercambio de conocimientos o una guía de implementación.

La misma estrategia aplica para los meses tranquilos y de menor flujo de trabajo. En Norteamérica, la temporada más movida coincide con el calendario escolar: la consultoría de IT tiene más trabajo entre septiembre y principios de diciembre, y entre finales de enero y finales de junio. En Latinoamérica, suele bajar el ritmo alrededor de Semana Santa y Navidad. Usa esos períodos de inactividad, en los que cuentas con más tiempo, para hacer esas cosas que no podrías hacer cuando estás tapado de trabajo. No te niegues el descanso, pero intenta avanzar aunque sea un poco cada día con una tarea que sientas útil y necesaria.

Preparándote para el desembarco

¡Ya llegamos al final del recorrido! Es hora de ver cuán lejos llegaste y qué te depara en los siguientes pasos.

Lo primero que debes hacer una vez que hayas concluido tu recorrido de junior a senior es evaluar tu posición actual en la empresa para ver si coincide con lo que esperabas en tu estrategia de salida (definimos esta estrategia en la sección "La declaración de visión", en el capítulo 1). No te preocupes si te das cuenta de que ha cambiado en algunos aspectos; como todo en la vida, es normal que sufra modificaciones con el tiempo.

Puede que aún estés contento con tu empresa actual y que todavía veas oportunidades de avance y reconocimiento dentro de tu compañía, y decidas quedarte. Esa es una opción perfectamente válida. Otra opción, si notas que has alcanzado un techo que te limita, puede ser buscar nuevas oportunidades fuera de tu compañía, nuevos horizontes.

Ya sea que decidas quedarte o no en tu empresa actual, te recomiendo redactar una nueva declaración de misión y visión para los próximos 2-5 años, partiendo de tu estrategia actual de salida y proyectando dónde te ves en el futuro. Luego de ese paso, puedes volver a practicar el recorrido que desarrollamos en el primer capítulo y renovar tus bases. Tendrás que repetir el mismo proceso nuevamente: evaluar empresas, encontrar aquellas que se alineen con tu misión y visión, etc. Para esto, puedes repasar el capítulo 1 con el nuevo escenario que se te presenta.

Como ves, el crecimiento en tu carrera es un proceso cíclico. Lo que hayas aprendido en este libro no solo te ayudará en el corto plazo, sino que también es aplicable en cada una de tus etapas profesionales. ¡Prueba ahora de ponerlo en práctica para pasar de senior a jefe en tiempo récord!

Recuerda, tu viaje hacia el éxito está en constante evolución, ¡así que sigue adelante y conquista tus sueños!

Agradecimientos

En primer lugar, deseo expresar mi más profunda gratitud a mis mentores y colegas profesionales, cuya orientación, percepciones e inspiración han sido esenciales para el contenido de este libro. Su sabiduría y experiencia han sido faros en mi viaje.

Un agradecimiento especial a Francis, quien, durante un almuerzo casual en Pharmascience a finales de 2015, descubrió mi afinidad con la TI y me brindó mi primera gran oportunidad para brillar. A Guillaume, por darme mi primera (y también segunda y cuarta oportunidad si soy honesto) en consultoría, su confianza en mí ha sido invaluable. A Matt, quien confió en mí y me ayudó a realizar mi sueño de trabajar fuera de Canadá.

No puedo dejar de mencionar a mis amigos y familiares, cuyo apoyo emocional y ánimo han sido pilares en este proceso. Mariana, gracias por empujarme a ser la mejor versión de mí mismo cada día; aún te debo un churro, espero que pronto podamos disfrutarlo. A Camilo, por señalarme la dirección correcta para realmente llevar adelante el proyecto de este libro.

Por último, mi reconocimiento a Sofía, Paula e Ignacio por su invaluable ayuda en dar vida a este libro. Su dedicación, talento y creatividad han sido cruciales en cada etapa del proceso editorial.

A todos, gracias por ser parte de este viaje y por ayudarme a convertir un sueño en realidad.